二战风云
震撼博览

史诗巨著
全彩呈现

U0619413

血染尘埃

第二次世界大战著名陆战

胡元斌 严 锴 主编

台海出版社

前言PREFACE

　　1937年7月7日，驻华日军在卢沟桥悍然向中国守军开炮射击，炮轰宛平城，制造了震惊中外的"七七事变"，中国的抗日战争全面爆发。1939年9月1日，德国入侵波兰，第二次世界大战正式开始。1945年9月2日，日本签署投降书，第二次世界大战宣告结束。

　　这是人类社会有史以来规模最大、伤亡最惨重、造成破坏最大的全球性战争，也是关系人类命运的大决战。这场由德、意、日法西斯国家的纳粹分子发动的战争席卷全球，世界当时人口总数的80%的20亿人口受到波及。这次世界大战把全人类分成了两方，由美国、苏联、中国、英国、法国等国组成的反法西斯同盟国与由德国、日本、意大利等国组成的法西斯轴心国，进行对垒决战。全世界的人民被拖进了战争的深渊，迄今为止这是人类文明史上绝无仅有的浩劫和灾难。

　　在这场大战中，交战双方投入的兵力和武器之多、战场波及范围之广、作战样式之新、造成的损失之大、产生的影响之深远都是前所未有的，创造了许多个历史之最。

　　第二次世界大战的胜利具有伟大的历史意义。我们历史地、辩证地看待这段人类惨痛历史，可以说，第二次世界大战的爆发给人类造成了巨大灾

难，使人类文明惨遭浩劫，但同时，第二次世界大战的胜利，也开创了人类历史的新纪元，给战后世界带来了广泛而深远的影响。促进了世界进入力量制衡的相对和平时期；促进了一些殖民地国家的民族解放；促进了许多社会主义国家的诞生；促进了资本主义国家的经济、政治和社会改革；促进了世界科学技术的进步；促进了军事科技和理论的进步；促进了人类认识史上的一场伟大革命；促进了世界人民对和平的深刻认识。

第二次世界大战的胜利也是世界人民反法西斯战争的胜利，成为20世纪人类历史的一个重大转折，它结束了一个战争和动荡的旧时期，迎来了一个和平与发展的新阶段。我们回首历史，不应忘记战争给我们带来的破坏和灾难，以及世界各个国家和人民为胜利所付出的沉重代价。我们应当认真吸取这次大战的历史经验教训，为防止新的世界大战发生，维护世界持久和平，不断推动人类社会进步而英勇奋斗。

这就是我们编撰《第二次世界大战纵横录》的初衷。该书综合国内外的最新研究成果和最新解密资料，在有关部门和专家的指导下，以第二次世界大战的历史进程为线索，贯穿了第二次世界大战的主要历史时期、主要战场战役和主要军政人物，全景式展现了第二次世界大战的恢宏画卷。

该书主要包括战史、战场、战役、战将和战事等内容，时空纵横，气势磅礴，史事详尽，图文并茂，具有较强的历史性、资料性、权威性和真实性，非常有阅读和收藏价值。

血染尘埃

目录 CONTENTS

第二次世界大战著名陆战

血染尘埃

大上海保卫战

　　大上海保卫战是从1937年8月13日起，中国军队抗击侵华日军进攻上海的战役，又称作"八一三"淞沪战役。这场战役前后共历时3个月，日军投入9个师团和2个旅团30万余人，死伤4万余人；中国军队投入75个师和9个旅75万余人，死伤30万人。此次战役，中国军民浴血苦战，粉碎了日本"三个月灭亡中国"的狂妄计划，为坚持长期抗战起了重大作用。

日军策划
"虹桥机场"事件

1937年8月9日，上海虹桥机场。虽说已到17时，但夏日的傍晚仍然明朗。

突然，一辆摩托车直冲机场大门而来。任凭卫兵如何阻拦，那人却毫无顾忌，没有一点减速的意思。"叭！"一声枪响，那骑在摩托上的人被击毙，栽下车来。摩托上的人叫大山勇夫，从他口袋里的名片看，是日本海空战陆队的军曹。奇怪的是，冲机场的就他一个人，并没有别的部队跟来。

这其实是一个信号。卢沟桥事变不过月余，上海这个东方大都市，即将再次面临战争的考验。

上海是当时中国的经济中心、最大的工商城市和贸易港口，又是世界的金融贸易中心和国际都市，同时也是世界第五大军港。优良的港口条件和京沪、沪杭铁路的交会点，使上海成为通往中国内地的陆上枢纽和水上咽喉，成为当时首都南京的东部门户。因此，上海便成了日本所必攻战略要地。

自1932年"一·二八"事变签订《淞沪停战协定》起，日本就在上海虹口和杨树浦一带驻军，建立了海军陆战队司令部。至"七·七"事变前，日军已在其控制的地区，建立了据点、登陆码头和补给点。在沪驻有海军陆战队3000余人，另有海军第三舰队。

全面侵华开始后，在日本陆军大举进攻华北的同时，海军就积极准备把战争扩大到上海地区。

1937年7月12日，日本海军军令部就制定了对华作战的秘密计划，确定第一阶段配合陆军进行华北作战，第二阶段在陆军配合下进行上海作战，并

进而把战争扩展到华中和华南。

7月16日，驻上海日本海军第三舰队司令官长谷川清发现军令部的上述意图后，立即上书东京陈述《对华作战用兵的意见》。他认为，"要想用武力打开中日关系的现状，只有惩罚中国，使中国中央势力屈服。"

他提出，"欲置中国于死地，以控制上海、南京最为重要"。这一时期，上海日军屡次以汽车载武装官兵，向江湾侦察示威，并常以部队在沪西一带施行夜间演习，一再挑衅。

7月20日，日军海军陆战队本田参谋长无理要求中国飞机停止在上海上空飞行，被严词拒绝。7月28日，日本当局下令撤退长江沿岸的日侨。8月8日，又要求第三舰队做好开战准备。9日就发生了大山勇夫驱车冲进上海虹桥机场警戒线被击毙的事件。

虹桥机场事件发生后，日方佯许由外交途径和平解决，实则为大举增兵调舰争取时间。8月10日，日本陆海军紧急磋商，向上海派兵，并得到内阁的同意。截至8月11日止，日军海陆军集结上海的情况如下：

军舰，除原泊于淞沪的日舰外，新到的有二等巡洋舰"川内""由良""名取""鬼怒"4艘，均为5200吨，每舰定员480人；新式一等驱逐舰"时雨""白露""夕暮""有明""初霜""子日""若叶""初春"8艘，均为1368吨，每舰定员200人。以上各舰均于8月11日前后陆续抵沪，并搭载陆战队3000余人，在沪滨登陆，加上原在上海的军舰共有30艘。

特别陆战队兵力，前此驻沪陆战队合由汉口下驶者约3000人，新由各舰队开到约3000余人，各舰抽调可能数1600多人，在乡军人会3700余人。

8月13日9时，日本内阁会议正式确认了派兵上海的方针，并批准了陆军省的派兵案。日本陆军省计划动员30万兵力和8.7万马匹，并先向上海和青岛各派2个师。

当天上午，日本海军陆战队在上海北站和北四川路之间同中国驻军发生武装冲突。下午，日本海军陆战队司令官大川内命令所部向中国驻军发起全

线进攻。中国驻军当即予以猛烈还击。"八·一三"事变由此爆发，淞沪抗战从此开始。

"八·一三"事变爆发的第二天，即8月14日，中国国民政府发表《自卫抗战声明书》指出：

中国为日本无止境之侵略所逼迫，兹已不得不实行自卫，抵抗暴力。

宣告：

中国决不放弃领土之任何部分，遇有侵略，惟有实行天赋之自卫权以应之。

同一天，日本海军还派海军航空兵轰炸了华中地区的杭州、南京和南昌等城市。当日晚，日本内阁召开临时紧急会议，内阁成员要求进行全面对华战争，迅速建立战时体制，正式对华宣战。

8月15日，日本发表了《帝国政府声明》，声称：

为了惩罚中国军队之暴戾，促使南京政府觉醒，如今不得不采取断然措施。

日本政府还声称，此举是为了"消灭类如此次事变所由发生之根源，并达到日、'满'、华三国融合和提携"之目的。这个声明，"把处理事变的目的，从解决局部事件扩大到全面地、根本地处理调整日华关系。"它表明日本政府即使进行"全面战争也在所不辞"。

这一天，日陆军参谋部还下令实行第三次动员，并下令组建了以松井石根为司令官的上海派遣军，要求其迅速开赴上海作战。8月18日，天皇裕仁召

见陆海军两总长，提出了重点用兵、迅速结束战争的方针。

陆海军省、部之间经过协商，决定陆军以华北为主战场，海军以华中为主战场，并对沿海实行封锁，切断中国的对外经济联系。

8月下旬，日本从国内抽调的增援部队相继运抵华北和上海前线，并开始投入当地的作战。

8月24日，日本内阁四相会议决定，以天皇在第七十二届临时议会开幕式上的敕语代替宣战诏书。

9月2日，日本内阁会议在讨论施政方针时，鉴于战争已由华北扩展到了华中，遂决定将"华北事变"正式改称"中国事变"，并于同日宣布。至此，中日战争已在华北和华中战场全面展开。

9月13日，日本政府发表《国民精神总动员计划实施要纲》，鼓吹要打开

日本军舰

　　"中国事变"所面临的困难局面，关键在于实现"举国一致"。

　　10月12日，在内阁参与下，日本国民精神总动员运动中央联盟在东京成立，会长由海军上将有马良橘担任。该联盟在日本各道、府、县以下，均设有分支机构，由各级行政长官兼任会长，在全国范围内开展全民精神总动员运动。

　　此外，近卫内阁为了加强对全国新闻、出版、文艺、言论等舆论的控制，还将内阁情报委员会升格为内阁情报部，直接为侵略战争服务。

❶ 日军施放毒气后戴防毒面具作战

日海陆空三军

攻陷上海

　　黄浦江上，日本的巡逻艇和军舰明显地多起来了。上海虹桥机场、杭州筑桥机场上空，不时会出现日军的侦察机。大批日军从日本本土向上海调运、结集。上海的空气骤然紧张起来。

　　苏州，留园，这是一座久负盛名的江南名园。"上有天堂，下有苏杭。"如果说苏州的园林是全国最著名的景观之一，那么，留园就是苏州园林中最有代表性的一座。大名鼎鼎的清朝买办盛宣怀为后人留下的这座名园，亭台水榭，曲径通幽，花木鸟鱼，美不胜收。

　　如今，留园的大门口却多了一块招牌"中央军校野营办事处"。"八一三"淞沪会战之前，没人知道它究竟是干什么的。

　　原来，这是淞沪警备司令张治中将军秘密工作班子的所在地。"一·二八"事变以后，上海几乎没有什么防守，市区只有一个保安团，维持治安而已。张治中预料，日本决不会放弃上海，上海还会掀起更大规模的战争。

　　张治中研究分析了"九一八"事变到"一·二八"的多次惨痛教训，他把中国对付日军的形式分为3种：第一种，是"他打我，我不还手"，"九一八"事变便是；第二种，是"他打我，我才还手"，"一·二八"事变、喜峰口战役都是；第三种，是"判断他要打我，我就先打他"，这叫"先发制人"或叫"先下手为强"。

　　对眼下迫在眉睫的新的淞沪战争，张治中认为一定要采取第三种策略。他把这个意思电告南京政府，得到的答复是："应由我先发制敌，但时机应待命令。"

"七七"事变，证明张治中的忧虑绝非杞人忧天。7月8日，他便从青岛疗养地急返南京，部署强化上海周围兵力配备。虹桥机场事件，促使张治中作好迅速进入战争状态的准备。

8月11日晚，南京统帅部电示，将全军进至上海附近。一夜之间，吴淞、江湾、南翔等上海外围重镇以及上海市区，立即布满了军队。淞沪警备司令部也从苏州移到上海南翔。

12日一大早，上海市民从睡梦中醒来一看，遍地都是抗日将士。人们惊喜交集，奔走相告，这些兵是哪来的？

万事俱备，只欠东风。然而，13日拂晓南京统帅部来电却是"不得进攻"。偏偏在这个节骨眼上，列强驻上海的外交团与南京交涉，希望上海改为不设防城市——自由口岸。此举早不来晚不来，偏偏在战争迫在眉睫关头来了。这不得不让人怀疑，他们与日本之间是否达成过什么默契。

此时，日军已将其主力一部分部署于虹口附近，一部分则分布于杨树浦和沪西各纱厂。在此形势下，国民政府认为中日上海决战不可避免，遂决定成立第三战区，由冯玉祥任司令官，担任江苏与浙江两省的防务，其作战指导方针：

应以扫荡上海敌军根据地，并粉碎在沿江沿海登陆取包围行动之敌，以达成巩固首都及经济策源地之目的。

国民政府还在此前后采取了一系列防御措施：密令驻京沪沿线的第八十七、第八十八师集结于上海外围地区；令驻嘉兴的独立第二十旅、驻蚌埠的第五十六师和驻武汉的第九十八师等部，到吴县（苏州）一带集结待命。同时，将海军和空军部队向淞沪地区集中，并令海军阻塞长江江阴水道，拆除江阴以下航行标志。

8月13日下午，八十八师二六二旅在孙元良将军指挥下，以迅雷不及掩耳之势，迅速抢占了从北火车站到江湾一带的阵地。只见大街上筑起了一个个

坚固的街垒，将士们进入战争状态。

日军也不甘落后。他们在中国守军抢占阵地同时，也在构筑从虹口到北四川路一带的阵地。

八字桥，是上海外围的交通要塞，关系战役成败的重要据点。中、日双方为争夺八字桥发生了激烈的枪战。

16时，停泊在吴淞口外的军舰突然向闸北一带用重炮猛轰。顷刻间，闸北一带破旧的民房一片片地倒塌，硝烟带来的是一堆堆的瓦砾和人们的哭叫声。

"八一三"淞沪战争的序幕拉开了。

消息传到南京，南京军委会命令：

1.京沪警备军改编为第九集团军，以张治中为总司令，14日向虹口、杨树浦一带发起总攻。

2.江浙边区军改编为第八集团军，以张发奎为总司令。

3.空军协同陆军作战。

扬州机场。

这是个设备简陋的军用机场，没有住房，没有床铺、桌椅，连棉被褥子都没有。飞行员们只好住在西门外一座小土地庙里。好在8月份天气炎热，大伙就睡在地上。

8月13日午夜，蒋介石亲自从南京打来电话："在长江中的日本50艘军舰和轮船，正在向东逃跑。你们大队立即带上炸弹，于拂晓前出动追击，加以歼灭……"

听说要出征，大伙情绪高昂。他们顾不上一天的劳累，很快钻进了座舱。不一会儿，18架美制"霍克"式轰炸机，各载500磅炸弹升空了。

江阴一过，就可看到长江内的日舰都已逃跑。突然，发现有一艘日舰停在吴淞口东面的白龙港口。长机下达了改变队形命令，队伍变形后的驱逐机

立即向下垂直俯冲投弹，那艘日舰立即被炸得无影无踪。

日军决计报复。14日上午，9架日军轰炸机突然袭击杭州笕桥机场。

高志航，这位技术高超的东北汉子，眼看日机来袭，心急如火。他顾不上刚执行完任务的劳累，迅速率领着他的第四大队立即起飞。这番周旋，旗开得胜，击落日机共6架。

这批日机是从台湾新竹日本木更津海军航空队出发的。木更津是日本海军航空兵的精锐，自视是不可战胜的。笕桥上空日军败北，木更津航空队长气得跳脚。

15日，木更津又来报复。中国空军又狠狠教训了他们，分队长一口气就击落日机4架。

此时，蒋介石深知淞沪之战非同一般，如果战败，南京就很难守卫。所以，早在1936年年底，他就开始着手上海一带的防务。

为此，他不惜血本，把自己嫡系部队的精华，调到了上海附近，随时准备预防不测。一旦战争开始，他又千方百计要把战局的指挥权控制在自己手里。

张治中是最早进入战争准备的指挥官，情况熟悉。可是，一进入战局，他的手脚就被捆住。张治中主张先发制敌，13日拂晓接到的还是不得进攻的命令，只好眼睁睁坐失良机。

8月14日，张治中终于接到对日军展开进攻的命令。曾参加过"一·二八"抗战的第八十七、第八十八师在张治中指挥下，对虹口和杨树浦一带的日军发起进攻。其攻击重点最初指向虹口，后改向公大纱厂。经数日苦战，日军于16日退守海军陆战队司令部等强固据点。由于日军凭借钢筋水泥工事顽抗，又有江面舰队炮火支援，中国军队屡攻不克，伤亡严重。

8月18日，张治中又接到命令，再次"暂停攻击"。张治中为此大伤脑筋。尽管行动一再受困，但他一有机会，就命令部队狠狠出击。

他的上司——第三战区司令官冯玉祥曾经到南翔第九集团军总司令部视察，司令部里找不到张治中，却发现他在弹火纷飞的战壕里督战，不由嗔怪

他："你是这方面的最高司令官，不能冒这个险。"

但张治中总不顾这些。在位一个月，没有吃过一餐太平饭，没有睡过一个安稳觉。眼睛总是红红的，喉咙老是嘶哑着。

8月23日晨，日本上海派遣军司令官松井石根，指挥所属第三师和第十一师分别在吴淞附近和川沙镇一带登陆，企图威胁中国军队的侧翼。由于沿江守备兵力薄弱，日军很快突破了江防阵地，抢占了一些要点，其后续部队正在增加中。

前线告急的电话铃声惊醒了张治中："狮子林、川沙口发现兵力不明的敌人登陆。"

接到报告，他当即指示："不惜任何代价死守，我立即调兵增援。"

前线官兵在战争中射击 ▼

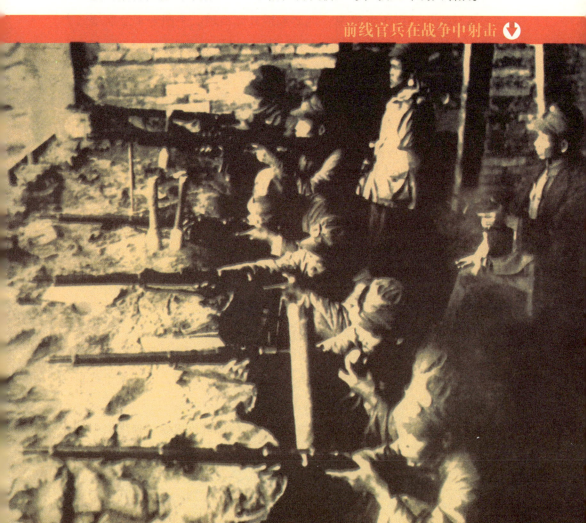

日军利用汉奸，到处剪断中国守军的电话线路。电话不通了，张治中立即驱车赶往江湾。天上日军飞机在扫射，车子中途不得不停下来。张治中心如火燎，索性徒步走起来。一个传令兵骑自行车追上来，下车敬礼。他二话不说，蹬上这辆自行车就走。就这样，赶到江湾后，抽调第十一师、第九十八师、第五十一师增援罗店。

第十一师师长彭善提出，日军飞机炸得那么厉害，怎么走呢？张治中严厉训斥："我能从南翔一路冒着轰炸走到江湾，你们就不能从江湾走到罗店吗？"

张治中的调兵十分及时，多股部队在罗店一带集结。罗店争夺战打响了，这场战斗打了整整10天，打得十分艰苦。

日军火力十分强大，空中、地面形成立体战局。中国守军全靠地面力量，罗店守军第六十七师师长李树森被炸伤，旅长蔡炳炎及团长、营长多人阵亡，罗店一度失守。第十四师火速增援罗店后，以两个团的兵力形成了对罗店的包抄之势，但要拿下罗店却还欠火候。

王耀武统率的第五十一师派出两个团兵力增援。部队急行军到达罗店附近接替第十一师部分阵地后，3天之内构筑好全部防御工事。

29日，团长邱维达下令强攻。营长胡豪率领两个加强连如猛虎下山，一举突破南侧日军阵地，打开一道200米的口子，部队立即蜂拥而入。睡梦中的日军不及防范，仓促应战。中国军队外围高射机枪和阵地机枪形成交叉火力网，发挥了巨大威力。经过两个小时左右的激战，罗店日军溃退。

为协调全面战局，张治中又急忙赶往太仓、嘉定，要和刘和鼎、罗卓英两位将军商量有关事宜。日军飞机一路轰炸，张治中只得先到嘉定。

只见罗卓英一脸奇怪的神色："张总司令怎么跑到这儿来了？"

罗卓英的第十八军本来属张治中的第九集团军指挥，总司令前来视察是理所当然的事。面对这种神色，张治中十分不解。一打听，方知第十八军已划归第十五集团军，陈诚刚被任命为第十五集团军总司令。

陈诚的履新，连他张治中都不知道。南京统帅部这么做，使张治中十分

难堪。张治中只好怏怏而归。刚一回来，接到电话，说是第三战区副司令长官、蒋介石跟前的红人顾祝同到了苏州。

与南京已经多日失去联络，张治中正想向上司汇报，便一口气赶到苏州。还没见到顾祝同，他就先打电话给蒋介石。

蒋：你在哪里？

张：在苏州。

蒋：为什么到苏州？

张：为了左翼作战，到嘉定会罗卓英，听说顾墨三（顾祝同字墨三）到苏州来了，所以同他商量问题。

蒋：为什么商量？两天找不到你，跑到后方来了？

张：罗卓英原来归我指挥，我不能不去看看，我也不知道他已划归第十五集团军陈辞修（陈诚字辞修）指挥了！委员长应该怎么办？我是到苏州与顾墨三商量问题的，我一直在前方，委员长究竟怎么样？

蒋：你究竟怎么样？还问我怎么样？

"叭"的一声，电话一摔，断了。

张治中感到莫大的委屈。他自信对整个战局的部署没有失误，但统帅部一连三次叫他停止进攻。

总攻开始后，只有陆军，没有空军配合。现在整个战区兵力部署变动，连招呼都不打一声。这种委屈，张治中无论如何无法忍受。此刻，他的心彻底凉了。

不久，张治中请求辞职。蒋介石接受了他的辞呈，命朱绍良来接替他，并把顾祝同调来代表蒋本人指挥整个战局。

蒋介石重新调整了上海兵力部署后，亲自到上海，与顾祝同、白崇禧商定，从南翔、真如一带突破，迫使日军入海。第二十一集团军按部署进入作战。

10月上旬，日上海派遣军按照日陆军参谋部以10月为期，击败上海周围中国军队的指令，集中5个师的兵力，以大场为主攻方向，向蕰藻浜南岸发动

进攻。

10月7日，日军主力强渡蕰藻浜，突入蕰藻浜南岸中国阵地，并继续向大场正面进攻。中国军队以大场为中心，在蕰藻浜两岸与日军展开激烈争夺，直至18日。

10月21日，第三战区决定乘日军攻击疲惫之际，指挥新到的第二十一集团军及第六十六军和第九十八师等部，分三路向蕰藻浜两岸的日军实施反击。适逢日军主力向中国守军进攻，于是演成一场激烈的遭遇战。经3日苦战，未能达到预期目的。

炮击场面

　　中国守军反攻受挫后，日军攻势更猛，26日占领大场，并继续南攻。中国中央作战军侧翼受到威胁，乃放弃北站、江湾一线阵地，退守苏州河南岸。

　　严峻的现实告诫人们，再硬拼下去损失会更大。顾祝同向第八十八师孙元良师长传达蒋介石的指令，要第八十八师坚守闸北，以拖延时间，争取11月初国际联盟政治解决中国战局问题。第八十八师选定一个团的精兵担当此任。

　　20世纪30年代，上海是远东的金融中心。孙元良的第八十八师指挥部就

设在大陆、金城、盐业、中南四大银行联营的仓库里。

在这里，孙元良向五二四团团副谢晋元、一营营长杨瑞符下达了"死守上海最后阵地"的命令。谢晋元很骄傲地接受了这个命令。四行仓库成了800孤军死守上海的最后堡垒。

四行仓库大楼在苏州河畔，它是一座钢筋水泥的7层楼房。仓库东南是租界，西北已被日军占领。这个团，名义上有800人，实际上只有450余人。部队在窗口堆好沙袋，楼顶架上高射机枪。

为死守据点，谢晋元带头写遗嘱，用自己必死的决心感召部下。他还写下诗作自励：

> 勇敢杀敌八百兵，
> 抗敌豪情以诗鸣；
> 谁怜爱国千行泪，
> 说到倭奴气不平。

10月28日，两名日军偷爬仓库大楼。谢晋元眼明手快，一个箭步上前，一手卡死其中一个，又一拳把另一日军打落在地。

突然，一个女青年出现在他的面前。她叫杨慧敏，是上海市商会的女童子军。她冒着生命危险，潜入四行仓库，送来一面国旗。

几天前，杨慧敏就有这个念头。她看到大楼三面不是太阳旗，就是米字旗，便心生一计，一定要让四行仓库上飘扬一面中国国旗，以鼓舞上海的人心。于是，她脱下制服，把一面大国旗紧紧缠在身上，再穿上制服，冒着枪炮，慢慢爬到仓库东侧楼下。

朦胧的灯光下，壮士们激动得热泪盈眶。谢晋元握着杨慧敏的手说："勇敢的同志，你给我们送来的岂止是一面崇高的国旗，而是我们中华民族誓死不屈的勇敢精神。"

东方刚露鱼肚白，壮士们用两根竹竿连接成旗杆。顶楼平面上，他们庄

严地向国旗敬礼。虽然没有音乐，没有礼仪，但气氛悲壮肃穆。国旗升起来了，苏州河畔站满了人，他们都在向四行仓库顶上迎着朝阳飘扬的国旗招手欢呼。

30日，第八十八师参谋长张柏亭用电话向谢晋元转达撤退命令。在机枪掩护下，壮士们冲出大楼，退入租界，谢晋元最后一个离开。

11月5日，正当中国军队与日军苦战之时，日军第十集团军由柳门平助指挥，在上海以南的杭州湾金山卫一带登陆。

由于担任沿海警戒的只有中国第六十三师的少数部队，前沿阵地很快被日军攻破。日军登陆成功后，乘胜向松江攻击前进。

中国第三战区急调第六十七军等部7个师阻击日军，未能奏效。

11月8日，日军渡过黄浦江，进到松江附近，切断了沪杭铁路，中国军队面临着被围歼的困境。在此情况下，中国第三战区于当日夜下令放弃上海，向吴福线（苏州至福山）和乍（浦）平（湖）嘉（兴）线转移。至11日夜，上海守军撤退完毕，12日上海市区沦陷。

兵败如山倒，国民党军溃不成军。南京暴露在日军面前。

12月6日，眼看南京守不住了。蒋介石的车队缓缓离开南京，准备移居重庆。

一周后的12月13日，南京终于沦陷于日军铁蹄，令世界震惊的南京大屠杀开始了，30万人惨遭屠杀。

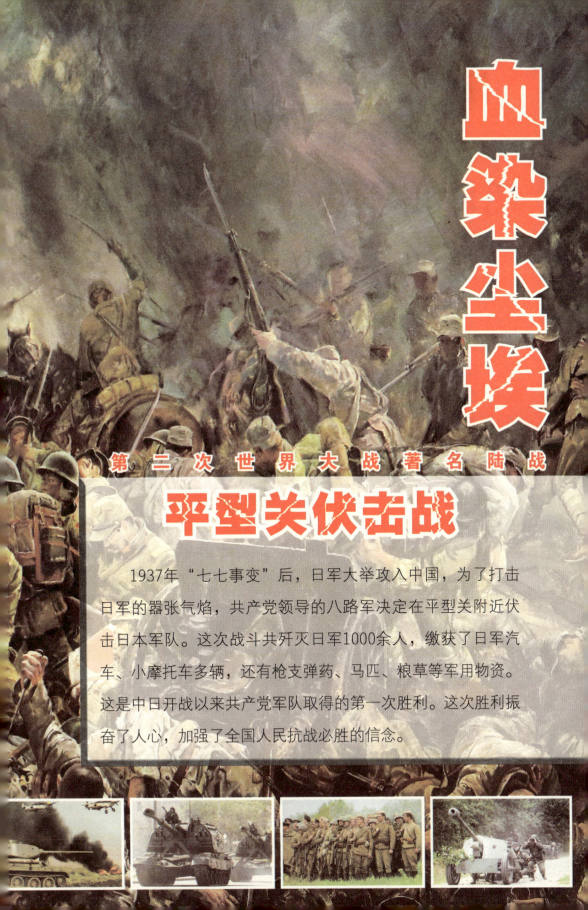

血染尘埃

第二次世界大战著名陆战

平型关伏击战

　　1937年"七七事变"后，日军大举攻入中国，为了打击日军的嚣张气焰，共产党领导的八路军决定在平型关附近伏击日本军队。这次战斗共歼灭日军1000余人，缴获了日军汽车、小摩托车多辆，还有枪支弹药、马匹、粮草等军用物资。这是中日开战以来共产党军队取得的第一次胜利。这次胜利振奋了人心，加强了全国人民抗战必胜的信念。

毛泽东预见
中国抗战局势

自从日本侵略军发动全面侵华战争以来，全国战局十分混乱。在华北战场，素有"华北屋脊"之称的山西自然也就成了兵家必争之地。

日军在华北战场上实施两翼迂回、中央突破的攻击战略，就是要首先突破华北西部的山地。抢占华北屋脊，掌握主动权。

但是，第二战区的国民党军队消极防御，在日军的进攻面前，出现了"兵败如山倒"的局面。山西境内，到处可以看到从前线败退下来的国民党军的散兵游勇。

有的部队一路撤一路抢，沿途的村庄被洗劫，集市冷冷清清、无人问津。逃难的乡亲拖儿带女、三五成群，在公路上奔走。初秋时分，地里已经是一片荒凉了……

日军夺取平津后，沿交通要道长驱直入，妄图在3个月内灭亡中国。华北战场形势危急。

1937年8月6日，国民党政府在南京召开第一次最高国防会议。周恩来和朱德作为中共中央的代表，出席了会议。这次会议，对华北的防御做出了具体部署。

针对日本军队对华北地区和淞沪地区展开大规模战略进攻的危急形势，国民政府军事委员会于8月15日下达了总动员令。

20日，正式确定抗日的战略方针，并把全国划分为5个战区。其中，在晋、察、绥3省设立第二战区，阎锡山任司令长官，卫立煌、朱德任副司令长官。第二战区下编3个集团军及直属军、师、团等部队，共28个步兵师、3个

骑兵师、7个步兵旅。其编成有：

第六集团军，总司令杨爱源，下辖第三十三军，第三十四军，新编第二师。

第七集团军，总司令傅作义，下辖第三十五军，第六十一军，第十七军，骑兵第二军。

第十八集团军，即八路军。

第二战区分为南、北两路军和预备军。北路军前敌总指挥由傅作义担任，南路军前敌总指挥由卫立煌担任，预备军总指挥由阎锡山兼任。

在国民政府调整部署、建立战区、加强华北防御的同时，日本侵略军又加强兵力，大举进攻，华北形势十分危急。在这种情况下，八路军不待改编全部就绪，第一一五师主力即于8月22日在山西省三原地区誓师出征。

征途上，副师长聂荣臻想和师长林彪谈谈作战方针问题。师长林彪低着头，默默地往前走。

八路军出师，举国瞩目。与国民党军队相比，八路军的装备差，军费少，后勤补给困难。

八路军这一仗怎么打？毛泽东认为，第一场战斗关系非常之大，战斗的胜败，对全局有极大的影响。

毛泽东要求红军指战员，第一仗"必须打胜；必须照顾全战役计划；必须照顾下一战略阶段"。

对日军作战，第一仗应该怎么打？林彪在考虑，聂荣臻也在思忖。

在西安八路军办事处，聂荣臻和林彪见到了周恩来。周恩来要到太原同阎锡山会商，让聂荣臻也暂留西安。那几天，周恩来向聂荣臻介绍了许多情况。聂荣臻感到，周恩来处理完"西安事变"，对夺取抗战胜利更加充满信心了。

晚上，国民党陕西省政府主席蒋鼎文举行宴会，招待奔赴抗日前线的将军们。席间，蒋鼎文慷慨承诺：派一个专列，送将军们出潼关。

随着北平、天津的失陷，山西自然而然地变成了华北抗战的前沿阵地。

山西地形复杂，日军的坦克、飞机、大炮难以发挥作用，非常有利于八路军开展山地游击战。

1937年9月3日晚，聂荣臻同周恩来、彭德怀、徐向前等人乘火车前往潼关，在潼关换乘木船，渡过浊浪滔滔的黄河。

在黄河对岸的风陵渡，阎锡山早已派梁化之在等候，阎锡山还专门派出了由两节车厢组成的专列小火车前往太原。当时，晋北形势很紧，阎锡山觉得不同日本军队打一仗没法向山西人交代，打又没有把握，很希望八路军早上前线，接待工作也安排得较为周到。

车窗外，一片兵荒马乱的凄凉景象。山西一个月前暴雨成灾，数万灾民饥寒交迫，流离失所，从冀绥前线溃败下来的国民党军散兵游勇和伤病员四处流浪，无处收容，更加人心惶惶。

此景让列车内的聂荣臻心情难以平静。在这个只有小桌小凳的窄轨车厢里，聂荣臻已经感受到了战火硝烟。他找出一份地图，仔仔细细地察看着，仿佛在寻找大显身手的战场。

周恩来在聂荣臻身旁坐下来，问："荣臻同志，部队要跟日本军队作战，你有什么想法？"

聂荣臻抬起头，凝视片刻，说："前方战局发展很快，国民党军队纷纷败退。第一一五师要做好单独进行游击战的准备。"

聂荣臻指了指地图，显得很有信心，接着说："晋察冀绥4省交界地区山岭起伏，地形不错，适合开展游击战争。如果有战机，要好好教训日本鬼子。但我认为，同日本军队作战，不能过分依赖地形，最根本的是要发动群众。"

周恩来头一仰，哈哈哈笑起来，说："荣臻同志，我们想到一起了。八路军尽管穿了一身国民党军队的军装，武器、弹药、给养等许多问题都没有解决，也不能指望蒋介石，关键是要发动群众，八路军有了群众的支援，一切问题都好办。"

列车到达侯马车站时，第一一五师师部和徐海东指挥的第三四四旅正在

毛泽东、朱德、周恩来在延安

车站附近集结。聂荣臻同周恩来、张治中等人分手，回到师部。

这时候，林彪已经带着陈光指挥的第三四三旅前往灵丘。聂荣臻按照预定计划，带领第三四四旅前往晋东北。在原平东站，他们遇到了从前方溃退下来的国民党军队，这些溃兵看到八路军开往前方，感到非常惊讶。

一个国民党兵用步枪挑着子弹带和两个包裹，扯着嗓门喊："弟兄们，想留住脑袋，就回头吧，别逞能了。日本军队有飞机、坦克，炮弹比我们的机关枪子弹还多!"

骑在马上的聂荣臻看到这些溃兵，心中激起一股无名怒火。想起太原东站那些东北流亡学生的热情欢送，想起父老乡亲们一针一线缝制出来的慰问品，想起那一阵阵嘹亮的抗日歌声，心中越发难以平静。

他回头说："通信员，告诉杨成武团长，独立团立即开赴平型关以西的大营镇。"

一场使亿万中国人民为之振奋的战斗拉开了序幕。

洛川会议结束后，毛泽东反复研究侵华日军作战部署和战略企图，及时同八路军前线指挥员交流情况。

1937年9月17日，毛泽东致电朱德、彭德怀、任弼时、林彪、聂荣臻、贺龙、萧克、刘伯承、徐向前等八路军高级将领，对战场态势提出了深刻的见解。

毛泽东认为：

> 敌攻华北大约分为四路，总兵力约10至15万人。一路山东，现未出动。又一路津浦线，约一个半团，现攻至马厂。又一路平汉线，约一个师团，现在涿州以北未动。
>
> 又一路平绥、同蒲线，约3个师团，为其主力，以大迂回姿势，企图夺取太原，威胁平汉线中央军而最后击破之，夺取黄河以北。以此姿势，威胁河南、山东之背，而利于最后夺取山东，完成其夺取华北5省之企图。

其总的战略方针，是采取右翼迂回。至于上海进兵，于破坏中国经济命脉外，又钳制中央军之主力，以便利其夺取华北。以上是对日寇第一期作战计划之基本判断。

毛泽东还指出：

日寇右翼之主力，又分为三路，均以追击姿势前进。一路沿平绥东段、同蒲北段攻雁门关，判断约一师团，占大同后，现未动。一路由天镇占广灵后，向灵丘、平型关进攻，系向晋绥军行右翼迂回。一路由张家口占蔚县后，有攻涞源之势，系向卫立煌军及紫荆关部队左翼迂回。此两路判断系组成联合兵团，至少两个师团，以第一步中央突破之姿势，达成其第二步分向两翼迂回之目的。

在分析国民党军队的态势时，毛泽东指出：

蒋以卫立煌军处于敌之包围中，令其向平汉线撤退。阎以灵丘为山西生命线，拟集中14个团在平型关以北举行决战。

判断如决战胜利，则敌之南进可稍延缓，但必增兵猛攻。如决战失败，敌必速攻平型关、雁门关，待后路预备兵团到达后，主力直下太原，使绥远西境之晋绥军、恒山山脉南段五台等处之各军、平汉北段之各军，均不得不自行撤退，彼可不战而得上述各地，娘子关之天险亦失其作用。

毛泽东在分析阎锡山集中14个团在平型关以北地域进行决战时，看到了"决战胜利"与"决战失败"两种可能，并明确指出，日本军队"速攻平型关"带来的严重后果。这使八路军将士更加关注平型关这个要点。

关于日本军队的战略方针意图，毛泽东说得更明确。这就是：

> 涞源、灵丘为敌必争之地。阜平、五台、盂县如无南北公路，或可暂时不被敌占；如有南北公路，敌有出一支向南切断正太路之可能。
>
> 不论如何，恒山山脉必为敌军夺取冀察晋3省之战略中枢，向此中枢出动主力，此点已为浑源、蔚县、广灵之被占所证明。

当时，毛泽东已经看到，傅、杨、刘、汤各军均失锐气，不能确信这些军队能够在现阵地根本破坏日军战略计划。而八路军此时是支队性质，不起决战的决定作用。但如部署得当，能起在华北支持游击战争的决定作用。

过去决定八路军全部在恒山山脉创造游击根据地的计划，在上述敌我情况下，已根本上不适用了。此时如依原计划执行，将全部处于日军之战略大迂回中，即使第二步撤向太行山脉，亦在其大迂回中，将完全陷入被动地位。

根据以上分析判断，毛泽东明确提出了八路军的战略部署问题：

> 为战略上展开于机动地位，即展开于敌之翼侧，钳制敌之进攻太原与继续南下，援助晋绥军使之不过于损失力量，为真正进行独立自主的山地游击战，为广泛发动群众，组织义勇军，创造游击根据地，支持华北游击战争，并为扩大红军本身起见，拟变更原定部署，采取如下之战略部署：
>
> 我二方面军应集结于太原以北之忻县待命，准备在取得阎之同意后，转至晋西北管涔山脉地区活动；我四方面军在外交问题解决后，或在适当时机，进至吕梁山脉活动。
>
> 我一方面军则以自觉的被动姿势，现时进入恒山山脉南段活动，如敌南进，而友军又未能将其击退，则准备依情况逐渐南

移，展开于晋东南之太行太岳两山脉中；总部进至太原附近，依情况决定适当位置。

毛泽东发出这份电报时，离平型关大捷只有8天了。

大敌当前，毛泽东把对敌情的判断和八路军的战略部署坦率地告诉前线指挥员，并提出："你们意见如何？请考虑电复。"

这充分反映了八路军的军事民主，这是集中大家的智慧和力量，不断歼灭敌人，发展壮大自己的基本要素。

当时，第二战区的阎锡山处于退无以面对山西民众，进则无必胜之把握的境地之中。彭德怀分析，阎锡山放弃平型关，企图在沙河决战的决心是动摇的，这种估计是完全对的。

抗日开始不久，阎锡山的部下全无决心，阎锡山的军队已失去战斗力，也许在雁门关、平型关、沙河一带会被迫地举行决战，然而必难持久。

毛泽东认为，不管阎锡山军队的决战胜败如何，太原与整个华北都是危如累卵。

八路军中，少数同志对于这种客观的必然趋势，似乎还没有深刻认识，被暂时情况所迷惑。如果这种观点不变，势必八路军也同阎锡山部相似，陷入于被动的、应付的、挨打的、被敌各个击破的境遇中。

9月21日，毛泽东致电彭德怀，对第二战区的形势作出进一步判断，再次重申八路军必须坚持独立自主的山地游击战原则。

对于林彪提出的以陈光指挥的第三四三旅集中起来，寻机给日军以打击，暂时不分散的设想，毛泽东认为，这种一个旅的暂时集中，当然是可以的，但如果许久还无机可乘时，仍以适时把中心转向群众工作为宜。

毛泽东还提出，王震率一个团暂时到五台也是可以的，但请注意到适当时机仍以转赴晋西北为宜。依情况判断，林彪率陈光这个旅即使能打一两个胜仗，不久也须转向五台。

林彪盼望集中兵力打一两个胜仗的战机，终于出现了。

八路军打击
猖狂侵华日军

"七七"事变后，贪得无厌的日本帝国主义完全撕去了伪装和平的面纱，企图以蛇吞象，不断向华北增派兵力。

1937年8月中旬，关东军之混成第二、第十五旅团以及新编成的大泉和堤支队到达北平、天津与张北县，企图夺取察哈尔、绥远两省，控制平绥铁路，切断中国同苏联的联系。

从日本国内调来的第五、第六、第十师团也到达了平津地区。日本独立混成第十一旅团向防守南口、居庸关的国民党第十三军汤恩伯的部队实施正面进攻，并于27日占领张家口。

8月24日，日军参谋本部又从国内抽调第十四、第十六、第一〇八、第一〇九师团，赶赴华北战场，企图迅速实现夺取华北的战略意图。

8月31日，日军成立华北方面军司令部，下辖第一军和第二军，另一个独立旅团和一个临时航空兵团。这时候，日军在华北的兵力已经有30多万。

当时，由于南口战役和淞沪会战的失利，国内一些人产生了悲观情绪，甚至散布"日本所向无敌"的谬论。国民党第二战区司令长官阎锡山看到日本军队向平型关、茹越口内长城疯狂进攻的嚣张势头，心里直打鼓。

为了有效地抗击日军，鼓舞信心，中国共产党和八路军的领导人周恩来、朱德、彭德怀先后多次同第二战区的指挥官阎锡山、黄绍竑、卫立煌等人进行会谈，对保卫山西的作战计划和兵力部署问题，提出重要建议，并希望成立战地动员委员会，发动和组织群众抗击日军。

阎锡山日夜关注日军进攻山西，他认为，要保卫山西腹地，就必须凭

借长城一线山地的有利地形,这些地形上的既设阵地,能阻止日本军队的进攻。为此,阎锡山决定调整部署,把第六集团军的3个军和第七集团军的4个军分别部署到平型关、茹越口、雁门关一线,并要求八路军先头部队迅速前进至晋东北地区,协同第六军和第七军的部队坚守长城防线。

日本军队果真所向无敌吗?八路军将如何顶住国民党几十万军队溃败的压力,给日本军以重击呢?

这些天,林彪和聂荣臻时刻都在关注着战局的变化,都在分析日军的动态。他们看到,日本军队虽然来势凶猛,但官兵骄横,疏于戒备,这是致命的弱点。平型关周围的地形是伏击战的好战场。他们决心,以伏击手段,出其不意地歼灭由灵丘向平型关进犯的日军。

打一个漂亮的伏击战,这是对国民党军的有力配合。伏击战,是预先把兵力和兵器隐蔽地配置在敌必经之路附近,待敌或诱敌进入伏击区域,突然予以打击。伏击战常常能收到出奇制胜的效果,是弱军战胜强军的有效战法。

1937年9月14日,第一一五师的先头部队进抵大营镇,部队顾不上宿营,立即派出侦察分队,开始侦察平型关周围的地形。

为了抓住有利战机,林彪和聂荣臻命令第三四三旅从大营镇出发,前往平型关东南的上寨地域隐蔽集结;命令第三四四旅向上寨地域机动。

9月22日,日军第五师团第二十一旅团的部分兵力开始从灵丘向平型关方向进犯。9月23日,聂荣臻率领第一一五师司令部和第三四四旅插到平型关东南的上寨镇。进寨不久,一群国民党军队的溃兵也涌进村寨,到处抢东西、砸店铺。

聂荣臻见状后,叫一名营长出面制止。看到那名营长咬牙切齿的样子,聂荣臻又吩咐说:注意,不可动手,更不可动枪,把他们轰跑就行。正说着,林彪同两位参谋也来了。

聂荣臻迎上前去,问:"林彪同志,前面情况怎么样?"

林彪显得很有信心,说:"日军前锋已经逼近东跑池,阎锡山的平型关

防线岌岌可危。我在这里转了几天，地形不错，可以打一仗。"

林彪的判断是有根据的。第一一五师向晋东北抗日前线挺进时，日本第五师团已侵占阳原、蔚县、广灵，并向浑源、灵丘进攻，企图突破平型关、茹越口要隘。

9月16日，第五师团、第二十一旅团以及第二十一联队主力由广灵西进，占领涞源县城。

20日，第二十一旅团以两个大队的兵力南下，占领灵丘县城，向平型关逼近。关东军察哈尔派遣兵团也由大同南下向国民党的长城防线进攻。接着，林彪摊开地图，把平型关周围的地形和自己对第一一五师的作战设想向聂荣臻作了具体介绍。

平型关，是古长城的一处关隘。关北为恒山余脉，南接五台山，附近山势险峻，峰峦比肩联袂，溪谷深邃，阴森幽静，一条狭谷山路，东通冀北，西抵雁门，地势极为险要，历来为兵家所必争。

平型关口至灵丘县东河南镇长约13千米的地段，崖高数丈，陡峭如削，崖顶平缓，杂草丛生，两侧高地便于隐蔽部署兵力，便于发扬火力与展开突击，是伏击歼敌的好战场。

聂荣臻看着地图，说："这里当然可以打一仗。居高临下伏击敌人，这是很便宜的事。"

林彪说："战场是一个好战场，现在还难以判定日军是否上钩!"

聂荣臻说："这是我们八路军同日本侵略军的第一次较量，全国人民都在看着我们，无论怎么说，我们都必须打好，必须打出八路军的威风来。"

一会儿，聂荣臻又说："适当时候，可以请在太原的恩来同志向阎锡山转达我们的作战行动。"

聂荣臻建议召开全师干部会议，早作临战动员。

动员大会上，林彪首先发表了讲话。他说："日军进展很快，但骄横，疏于戒备。如果我师能利用平型关东北的有利地形出其不意，伏击歼敌，就可以杀日本军队的威风，长八路军的志气，长一一五师的志气。"

　　聂荣臻见大家情绪激昂，就简单介绍了日本军队从灵丘西进的情况，特别强调说："现在国内国外都有一种恐日病，认为日本军队所向无敌，不可战胜。我就不信，我们红军将士过去能突破国民党军队的重重围困，今天也一定能打败日本侵略军，这一仗也可以说是政治仗，我们不仅要歼灭日本鬼子，还要打出中国人民抗日的信心。"

　　会议一结束，八路军第一一五师主力连夜赶往距平型关15千米左右的冉庄、东长城村地域。师首长同时命令独立团和骑兵营向灵丘、涞源方向活动，主要任务是扰乱日本军队的后方，一旦发现日军向平型关增援，立即进行牵制和打击，保障平型关战斗的胜利。

　　部队宿营时，聂荣臻前往预定战场察看地形。聂荣臻看到，这条由东北向西南伸展的狭窄沟道，地势最险要的是中段，这一地段沟深数十丈不等，沟底只能通过一辆汽车了。南北沟岸又是比较平坦的山地，便于部队埋伏。聂荣臻看后，心里踏实多了。

1937年9月24日，前方传来断断续续的炮声，日军渐渐临近了。中午，前沿部队向师部报告，日本军队可能会在翌日大举进攻。

这天，林彪、聂荣臻抓紧时间，组织各级指挥员到预定伏击地域进行实地察看。指战员们看到，平型关东北关沟至东河南镇道路两侧的高地，既便于部队隐蔽，又有利于突击，是打伏击战的好战场，当即确定了拦截日军先头、切断日军退路、中间突击分割，共同歼灭来犯日军的部署。具体配置方案是：

第三四三旅所属第六八六团占领小寨村至老爷庙以东的高地，主要任务是中间突击；第六八五团占领老爷庙西南至关沟的高地，主要任务是截击日军的先头部队，协同第六八六团歼灭伏击圈里的日军，并阻止东跑池方面来援的日军。

第三四四旅所属第三七八团占领西沟村、蔡家峪、东河南镇以南的高

平型关大捷参战主要将领（雕像）⬇

地，主要任务是切断日军的退路，阻止从灵丘、涞源方面赶来支援的日军；第六八八团为师预备队。各部队像一张无形的网，任务明确，协同周密，等待日军就范。

傍晚，聂荣臻和林彪收到阎锡山以第二战区第六集团军的名义，送给第一一五师的"平型关出击计划"，这个计划拟定以第七十一师附新编第二师及独立第八旅一部，配合第一一五师向平型关以东之日军出击。

聂荣臻和林彪围在一盏马灯旁，摊开军用地图，又研究了一遍作战方案。深夜，林彪拿起电话，下达了第三四三旅进入白崖台一线伏击阵地、第三四四旅随后跟进的命令，要求部队必须在25日拂晓前完成各项战斗准备。

林彪对徐海东说："不能大意，不要轻敌，豆腐要当铁打，要留好预备队，要通过这次战斗摸摸日本鬼子的特点。"

天公不作美，天黑以后，下起了大雨，聂荣臻和林彪随同陈光的第三四三旅向伏击阵地出发。没有雨衣，又缺少御寒的服装，指战员们任凭秋雨浇洒，沿着崎岖的山沟向前行进。

雨越下越大，似乎要把行军队伍冲断。指战员们把枪和子弹挂在脖子上，手拉着手，结成"缆索"，穿过湍急咆哮的山洪，有的不得不拽着马尾巴，从激流中跟过去。

大雨滂沱，水势越来越凶猛。第三四四旅闯过了一个团，其他部队被越来越险恶的山洪拦住了，好些急于涉过山洪的战士纷纷被冲倒了，淹没了。

见此情形，聂荣臻对林彪说："山洪越来越大，部队不能再强渡了。这个旅过来的部队就作为预备队吧，把作战任务交给杨得志和李天佑。"

林彪同意了。

一场大雨，把杨得志、李天佑推到了抗战第一大胜仗的最前沿。

9月25日，这是一个晴朗清新的早晨，聂荣臻和林彪率领部队赶到了那条10里多长的沟道通路的东南山地上。战士们经过一夜风雨侵袭，忍受着饥饿和寒冷，趴在冰凉的阵地上，等待着打击侵略者的战斗号角。师指挥所设在沟东南的一个小山头上。这里，举起望远镜就可以纵观全沟。

拂晓，山沟里传来了汽车的马达声。日军第五师团二十一旅团两个联队的2000人和大批辎重车辆，沿灵丘至平型关的公路西进。

前面是100余辆汽车，后面是200多辆大车，车上坐满了戴着钢盔的日本兵，最后还有少数骑兵，由于道路狭窄，雨后泥泞，车辆、人员拥挤堵塞，行动缓慢。

日军进入平型关，就等于进入了一条"死胡同"。

但是，日本兵根本没有意识到他们所处的不利，依旧骄横得意，大摇大摆，如入无人之地，似乎不是在侵略异国的领土，不会遇到抵抗。他们南下以来，也基本上没有遇到什么像样的抵抗。

不一会儿，日军全部进入伏击圈。第一一五师首长抓住有利战机，下达了攻击命令。聂荣臻看了看表，7时整。

一声令下，第一场战斗打响了。

顿时，机枪、步枪一齐开火，子弹、手榴弹雨点般地落在日军群中。日军车撞车，人挤人，成了一团乱麻。

聂荣臻对林彪说："我们应该把沟里的敌人分成几段，分段吃掉它。"

杨得志指挥的第六八五团迎头打击，封闭了日军南窜的道路。战前，战士们早上好了刺刀，枪膛里压满了子弹，焦急地等着日军出现。

团长杨得志那双眼睛紧盯着公路的拐弯处，当日军的头几辆汽车开到山脚下时，杨得志立即命令："打！"

最前面的汽车遭到八路军指战员暴风雨般的打击，开不动了，起火了。后面的汽车、马车听到枪声，不顾一切地往前冲，企图逃避八路军的打击。然而，八路军指战员早已瞄准了前面这些汽车，一阵猛烈的手榴弹，把车全炸毁了，也把道路堵住了。后面的汽车互相撞击，日军乱成一团。

杨得志高声命令："全体冲锋！"

日军第二十一旅团并不是群乌合之众。当意识到自己已经遭到八路军的伏击以后，他们纷纷从汽车上跳下来，在路旁选择有利位置，进行顽抗。一名指挥官挥舞着指挥刀，命令日军冲上山去，占领制高点。

　　杨得志见此情形，立即命令身边的通信员："你到各营传达我的命令，这里的制高点一个也不准鬼子占领。"

　　通信员答应一声，飞快地跑了。

　　第六八五团是一支战斗力很强的部队。这个团的一营曾跟随朱德参加过南昌起义；二营曾经跟随毛泽东参加了秋收起义；三营是跟随黄公略征战多年的部队。3个营都有辉煌的历史，都有光荣的传统，都非常具战斗力。

● 八路军在平型关伏击日军（油画）

一营营长接到杨得志团长的命令后，立即指挥两个连的指战员向公路旁的两个小山头冲过去，把正从山沟里爬上来的日军打了下去。四连用两面夹击的战法把已经登上一处制高点的日军逼回沟底，干净利索地消灭掉。

一股日军抢占了一个山包，凭借凶猛的火力顽强固守。八路军指战员数次冲击，都没有攻下山包。这时候，一个连长上前观察，看到远处的小山包上有两个日军的人影在晃动，只见一名日军手持望远镜，一名日军挥舞着指

挥刀。连长判断，这两名日军可能是指挥官，即扬起套筒枪，"叭！叭！"两枪，两名日军应声倒下了。连里的指战员见势，一拥而上，把日军击溃。

这个连长就是龙书金，枪法特别好，平时练就了百发百中的硬功夫。红军时期，他是连里的射击标兵，到陕北以后，红军在三原开运动会，龙书金是射击代表。

在二营和三营的作战地段上，指战员们同日军展开了肉搏战，杀声震天。乔沟那边激战正酣，日军出动了两架飞机来增援，八路军战士机智地与日军"靠得"更近了，日军飞机受地形限制，想扫射又不敢扫射，想投弹也无法投弹，在平型关上空盘旋了几周，无可奈何地飞回去了。八路军指战员用自己的勇敢精神遏制了日机。

李天佑指挥的第六八六团勇猛地冲向公路，与日军短兵相接。巨大的冲杀声响彻山谷，战士们勇猛地向日军冲击。

八路军东渡黄河以来，士气高涨，现在，满腔抗日激情都集中在枪口上。日本兵虽然失去指挥，却抵抗得十分顽强。有的日本兵爬到汽车底下和沟坝上，向八路军射击；有的日本兵拼命往山坡上爬，希望夺占一块有利阵地。

路沟里的八路军战士很想多抓一些俘虏，谁知日本兵骄横异常，死不投降，伏击战发展成一场惊心动魄的白刃肉搏战，中国士兵和日本士兵打在一起，伤员和伤员扭成一团，互相用牙齿咬，用拳头砸。

期间，日军集中力量猛攻老爷庙，企图夺路突围，遭到据守该阵地的五连三排战士们顽强的阻击，全排指战员壮烈牺牲，日军也未能突破这个阵地。

八路军将士十分勇猛。当一股日军企图夺占公路两侧的高地，掩护其他部队突围时，第六八六团第二营的指战员抢在日军前面占领了老爷庙及其以北的高地，与公路东侧的部队形成两面夹击，又把日军压缩到峡谷之中。

第六八六团副团长杨勇在战斗中负伤，顾不上包扎，继续在战场上搏杀。

危急时刻，曾贤生连长高喊一声："我们要用刺刀消灭敌人，就是牺牲，也要堵住敌人！"他带领全连战士首先冲进敌群，在与日军肉搏中光荣牺牲。

进至东跑池的日军听到后面激烈的枪声，立即回过头来企图援助。却被第六八五团的指战员死死阻击，无法回援。

日军在平型关遭到伏击的消息很快传到第五师团，师团长板垣征四郎大吃一惊。前几日，板垣选择平型关作为进攻的迂回路线，是考虑到山西和河北交界的地方是中国军队防御的薄弱环节，根本没有想到会突然冒出来一支八路军的精兵。

战场十万火急，板垣严令在蔚县、涞源的第二十一旅团第四十二联队的日军火速赶往平型关增援。但是，板垣的命令已经难以挽救平型关遭到伏击的日军的命运了。

　　林彪、聂荣臻早已料到日军的意图，把师独立团和骑兵营配置在灵丘以北和以东的地区，这路日军根本无法向平型关靠拢。

　　板垣征四郎闻讯，急忙调来6架飞机到平型关上空，企图掩护日军突围。被围日军听到飞机声，看到了一线生机，再次组织部队猛攻老爷庙和附近的高地。然而，日军的希望再次落空了，平型关已经被八路军围成铜墙铁壁，根本不可能突出去。

　　傍晚，战斗结束了。山沟里响起了八路军战士的阵阵欢呼声，日军精锐第五师团第二十一旅团1000多人被歼灭了。

　　板垣征四郎，这个日军中将师团长，有名的"中国通"，万万没有想到在眼皮底下有一支严阵以待的八路军。

　　9月28日，八路军第一一五师最后一批指战员撤离平型关。就在这一天，板垣征四郎亲自率领7000人马由灵丘西进。先头的第二十一联队第三大队首先目击了3天前激战留下的残迹，多年后日本出版的《滨田联队史》中有如下记载：

　　9月28日，成泽中队得到友军的支援后，勇气百倍，再次继续前进中却遇到意外情景，一刹那间吓得停步不前。冷静下来看时，行进中的汽车联队似遭突袭全被歼灭，100余辆汽车惨遭烧毁，每隔约20米，倒着一辆汽车残骸。

　　公路上有新庄中佐等无数阵亡者，及被烧焦躺在驾驶室里的尸体，一片惨状，目不忍睹。

　　想到平岩大队25日接支队命令前来救援，半路上却受到比我方多十几倍敌人的包围，终于未能到达目的地。为此，竟造成如此悲惨景象，痛切心情，难以言表。

　　用了长达3个小时，才把一辆辆烧焦的汽车拖到公路一边，处理好阵亡者的尸体，公路上勉强可以行进。

　　成泽中队开始前进，到达岭上。从岭上向峡谷看，辎重车辆

队不是也全部覆灭了？！公路不是被辎重车辆、层层叠叠的人马的尸体堵塞着了吗？！

日军在此用了近3个小时收尸、腾路，才勉强腾出一条可以继续通行的路来。可见，当时平型关战斗是十分激烈的。

板垣征四郎看到3天前的平型关战场，百感交集。但是，他没有吸取教训，继续指挥日军屠杀中国人民。

平型关战役打破了日军"不可战胜"的神话，创造了抗日战争的奇迹。

这次战役的影响是深远的，亲自参加平型关战斗的杨得志同志回忆说：

平型关一战最大、最直接的影响还是在中国国内。它使全国人民看到了貌似强大的日本帝国主义的虚弱本质；它使全国人民看到自己不可战胜的力量；它使全国人民更加信赖中国共产党和其所领导的、坚决抗日的八路军。

真是打出了中华民族的威风，打出了中华民族的志气，打出了全国人民对"驱逐日寇出中国""打倒日本帝国主义"，取得抗日战争最后胜利的坚强信念和信心！

蒋介石发报
祝贺首次大捷

平型关战斗结束的第二天，八路军总部即向南京国民党军委会发出了捷报。蒋介石看到八路军出师告捷的电报，沉思良久，先后两次给朱德、彭德怀等人发电报祝贺。

9月26日，蒋介石电贺八路军总部朱德总指挥、彭德怀副总指挥。电报全文如下：

朱总指挥彭副总指挥勋鉴：

26日电悉。25日一战，歼寇如麻。足证官兵用命，深堪嘉慰。尚希益励所部，继续努力，是所至盼。

蒋介石仔细看平型关的战报，嗣后不久，他又给朱德发来一电，称：

朱总司令玉阶兄：

电悉，接诵捷报，无任欣慰，着即传谕嘉奖。

中正

9月27日，中国国民党福建党部特派员陈肇英给八路军发电报祝捷。电文称：

八路军朱总指挥彭副总指挥勋鉴：

　　欣悉平型关之役，我军所向披靡，斩获无算。具佩执事指挥有方，将士忠勇无敌。尚希贵军挺进。特电祝捷，歌颂戎祺。

🔶 蒋介石和宋美龄（蜡像）

9月28日，委员长武汉行营给第八路军参谋处发电报，电文称：

　　25日电敬悉。贵路军一战攻克平型关，毙敌遍野，俘虏甚多，忠勇之气，益害敌胆。特电驰贺，续候捷音。

9月28日，上海市职业界救亡协会给八路军发电报。电文称：

第八路军参谋处转全军将士鉴：

　　贵军受命抗敌，立奏奇功，挽西线垂危之局，破日寇方长之焰。捷报传来，万众欢腾。谨电驰贺。

　　平型关大捷，使八路军威名远扬。八路军在战场上缴获的日军地图，使中国军队进一步掌握了日军的战略意图，对以后的作战产生了重大影响。
　　平型关战斗的枪声稀落下来的时候，八路军指战员开始清查从日军处缴

获的战利品。

忽然，战士们发现了日军第五师团及配合关东军"蒙疆兵团"和沿平汉路北段向西进攻的日军第一军与沿津浦路向南进攻的日军第二军的作战计划图。这是日军的绝密文件。

这些重要文件很快被送到八路军总指挥部。朱德、彭德怀看到这些作战地图，十分欣喜，立刻仔仔细细地研究起来。

为了粉碎日军的进攻企图，歼灭更多的日军，9月28日，八路军总指挥朱德、副总指挥彭德怀向南京方面发出电报，阐述了他们对这份地图的见解。电文是：

急。南京大元帅蒋、总司令刘钧鉴：密。

25日平型关战斗，得敌高级司令部地图一张。上绘有平津直至主攻平型关、雁门关、保定及津浦路部署、部队番号，标其甚详。依据此图可对全部军事秘密了解。该图上攻入涞源之敌系向易州前进，不是向阜平前进。

攻入大同之敌，除留守外，转向浑源，沿长城外与攻入灵丘之敌合攻雁门关；攻入灵丘敌则攻平型关，以该县与浑源部队夹长城前进。

此地图昨日已由林师长送交孙副总司令处，转呈阎司令部矣！

25日战斗，已将敌原定计划破坏，使浑源及涞源两路转向平型关解围，攻平型关部队，变为突围而逃。

朱德 彭德怀

9月26日，在陕北待命入晋的八路军第一二九师三八六旅陈赓旅长得知平型关大捷，在日记中写道：

这是红军参战的第一次胜利，也是中日开战以来最大的第一次胜利。这一胜利虽然是局部的，但在政治上的意义是无穷的：

1、证明我党的主张正确；

2、只有积极地采取运动战、游击战、山地战，配合阵地战，抄袭敌人，才能胜算；

3、证明唯武器论的破产；

4、单纯的防御只有丧失土地。捷报传到部队中，人人欢跃，大家都以为我们出动太迟了。

平型关战斗，进一步扩大了八路军在全国人民中的影响，提高了八路军的威望，鼓舞了中华民族的士气，增强了军队的凝聚力。这种力量，是不可战胜的。

陈赓10月1日的日记中写道：

今天开拔，沿途群众对我们非常欢迎。特别是平型关战斗的胜利，使他们对我们的信仰更加提高。

人民群众的态度，是最有力的说明。

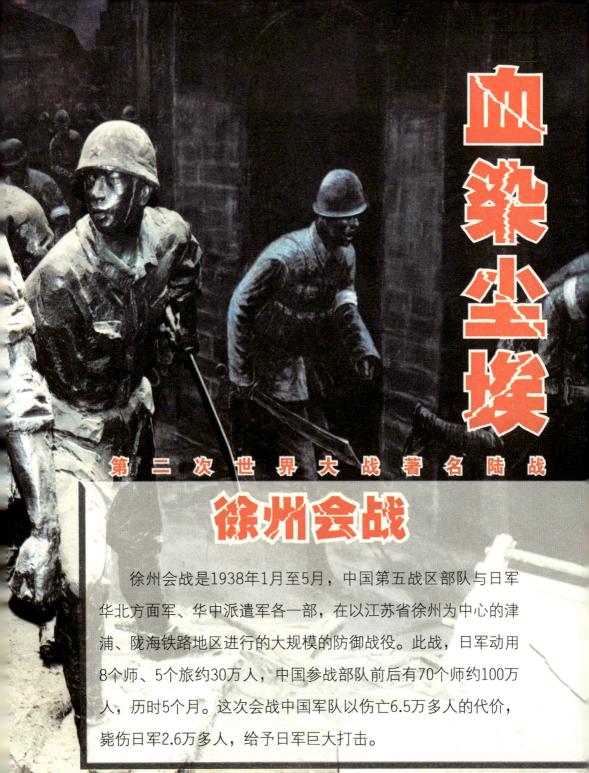

血染尘埃

第二次世界大战著名陆战

徐州会战

　　徐州会战是1938年1月至5月，中国第五战区部队与日军华北方面军、华中派遣军各一部，在以江苏省徐州为中心的津浦、陇海铁路地区进行的大规模的防御战役。此战，日军动用8个师、5个旅约30万人，中国参战部队前后有70个师约100万人，历时5个月。这次会战中国军队以伤亡6.5万多人的代价，毙伤日军2.6万多人，给予日军巨大打击。

日本侵略军
策划进攻徐州

　　淞沪会战结束后，日军相继占领了南京、杭州和济南。徐州就成了平津至杭州一带唯一没被日军占领的大都市。

　　徐州在握，南可以威逼南京，北可以威胁济南，东西可以掌握陇海线这条铁路大动脉，保障平汉铁路南段的翼侧；日军华北、华中两个战场即被分割，侵略者夺取中原的意图就难以得逞。

　　中国军队如果失去徐州，就失去了东部地区钳制日军的战略要地，失去了保卫武汉的一道重要屏障；日军华北、华中两个战略集团联系在一起，就控制了中国从渤海湾的辽东半岛到东海的杭州湾的全部沿海重要城市。

　　当时，日军的侵略气焰更加嚣张，迅速灭亡中国的侵略野心更加疯狂。日军华北方面军一次又一次地向统帅部建议，"为使华北、华中连接起来，进行徐州作战以及对武汉之敌施加威压"。

　　日军统帅部根据侵华战争的新形势，制订了新的作战计划，决定以南京、济南为基地，从南北两端向徐州夹击，首先攻占徐州，打通天津至浦口的铁路线，把南战场和北战场连成一片，进而夺取武汉、广州。

　　为此，日军调整部署，制订了扩充军备的规划。到1938年1月，侵华日军已增加到26个师团，大大超过了预定派遣15个师团的计划。

　　1938年1月22日，日本第七十三届通常议会提出准备长期战争的议案。

　　2月4日，日军召开了大本营政府联席会议，着重讨论了攻占中国的汉口、广州等重要城市的问题。

　　2月11日，日本陆军省、部会议做出了扩充军备的决定。

　　为了取得徐州会战的胜利，日军对侵华现有陆军各部队进行调整，特别是充实和加强了华北方面军的力量。其中，华中方面军指挥的第十六师团，从1938年1月15日起转属华北方面军，该师团于1月22日进至河北省德顺地区。华中方面军指挥部的第一一四师团从2月10日起转属华北方面军，该师团于2月底到达河北保定地区。

　　徐州会战，日军先后调集了8个师团另3个旅、两个支队，约24万官兵，南北对进，分步攻占中国的重要城市。其战略企图是：首先攻占华东的战略要地徐州，再沿陇海铁路西取郑州，最后沿平汉铁路夺取武汉。

　　日军侵华的野心急剧膨胀，除了淞沪会战、太原会战的胜果外，还受"一得一失"两个事件的影响。这两个事件，一个增加了中国军队防守徐州

侵华日军在下达命令（蜡像）

的难度，一个坚定了中国最高军事当局进行徐州会战的决心。

"一得"是日军轻易得济南，占据了攻打徐州的有利态势。

泰安被日军占领后李宗仁很生气，打电报责问韩复榘：为什么放弃泰安？

韩复榘看到李宗仁发来的电报，在上面批了8个字："南京已失，何守泰安？"

韩复榘擅自决定放弃济南，率部撤向鲁西南。日军于12月27日占领济南后，直接威胁徐州。

在紧要关头，蒋介石于1938年1月11日在河南省归德召开有80多名师长以上高级军官参加的"北方抗日将领会议"。会议期间，把韩复榘诱捕，押往武昌，经高等军法会审后，于1月24日晚将韩复榘枪毙。

何应钦向国民党临时全国代表大会报告军事时，说："第三集团军总司令韩复榘素无战意，擅将要隘城镇自行放弃，各部队均撤至运河西岸，仅以一部沿河扼守，主力控制于曹县、城武、单县等处，图保实力，虽经迭令该集团军整饬反攻，乃韩复榘多方规避，违抗命令，已经拿办，明正典刑。"

济南失守，日军占领山东的一座重要城市，对中国军队防守徐州带来了极为不利的影响。

"一失"是日本政府秘密谋求和谈失败，战争野心更加疯狂。

1937年12月14日，日本侵华驻军经过精心策划，在北平建立了"中华民国临时政府"等汉奸傀儡政府，这时候，日军攻占南京仅仅一天。

因为这种成功，日本政府洋洋得意。当天，日本内阁和日军大本营召开联席会议，提出新的对华和谈提案。12月21日，日本政府又提出了更强硬的要求。

日本的基本条件是：中国政府放弃抗日；承认伪满政权；设立非武装区；中国要给日本必要的赔款。对于这些无理条件，日本方面限定中国方面在1938年1月6日前答复。

日本政府提出的这些无理野蛮的要求，中国人民绝对不能接受。欧洲国

家一些有正义感的外交人员也认为，中国政府是不可能接受以上条件的。

12月26日，当德国驻华大使陶德曼把日本政府提出的新要求转告给中国政府时，国内外一些报刊和通讯社透露了中日秘密和谈的消息。

当时，中国共产党和中国人民坚决反对妥协投降，国民党内部多数人也不愿意妥协投降。蒋介石看到日本政府的提案后，认为条件太苛刻，丝毫没有接受的余地。

12月27日，蒋介石组织召开国防会议，在会上表明了坚持抗日的立场。

1938年1月1日，蒋介石在元旦团拜中对大家说：

> 抱定坚忍不拔之志，以打破日寇威胁利诱之政略。与其屈服而亡，不如战败而亡。虽目前国际形势变化无望，我们务须一本原定方针，认同奋斗到底。
>
> 凡事若不半途而废，则到最后，必能有志竟成，故不患国际形势不发生变化，而患我国无持久抗战决心……

蒋介石对此事在日记中写道："国际正各自扩张军备，而一面则竟言和平。当此之时，我人对于外交，断不宜作依赖任何一国之幻想，务必力图自存自立。"

日本政府对中国方面的态度反应强烈，日本近卫内阁扬言，要另外扶植伪政权。

1月8日，中国国民政府发表宣言，声明维护中国领土主权的完整，不承认一切伪政权。经过上述事件，蒋介石已经决定要在徐州同日军作战。

在这种情况下，日本方面在政治上声明"不以国民政府为对手"，在军事上立即调动军队，准备南北会攻徐州。

徐州大会战的序幕拉开了。济南失守和日方秘密提出的4项和谈条件，客观上使徐州会战更加激烈了。

会战徐州，日军进行了精心策划，兵力不断增加。会战之初，日军主要

有第五、第九、第十三师团。其进攻态势是：

南路日军由华中派遣军司令官畑俊六指挥。日军第十三师团在1937年12月侵占南京以后，继续北上。1938年1月下旬，第十三师团主力攻占滁县、来安等地，进至安徽省池河东岸的藕塘、明光一线；一部兵力攻占扬州后，向邵伯、天长一线进攻。第九师团攻占裕溪口后，沿淮南铁路继续北上，直至前进到巢县、全椒一线。

北路日军由华北方面军指挥官寺内寿一指挥。日军第二集团军西尾寿造指挥两个师团，分路南下。其中，自1938年1月配属第二集团军的第五师团在板垣征四郎的指挥下，沿胶济铁路东进，相继占领沂水、蒙阴等地。

2月21日，日军第二十一旅团所属3个步兵团、一个炮兵团、一个骑兵营共约20000人，向临沂突击，试图从东路进攻徐州。

1938年春季，中国大地上开始了一场反抗日军侵略的大会战。

李宗仁避强击弱
初见成效

　　徐州的战略地位愈加突出，尤其在杭州、济南等城市相继失陷之后，徐州会战意义非凡。

　　1937年10月12日，李宗仁担任第五战区司令长官，来到徐州。在这里，他每天都会看到许多人逃离徐州，大街上一片冷清，心里很不是滋味。为了改变此种境况，李宗仁每天清晨或午后，都要骑马到大街上巡视。同时和颜悦色地同随行人员谈笑风生，丝毫也没有往日那种军人的严肃感。

　　徐州的市民看到司令长官这般闲情逸致，都以为战局稳定，日本军队不会攻打徐州了，纷纷奔走相告，那些逃离徐州的人又回到市区，开店复业。徐州市面逐渐繁荣起来。

　　其实，李宗仁每次上街巡视，心情都十分沉重。面对日本帝国主义的疯狂侵略，落后的中国如何才能进行有效的抵抗？这是李宗仁心中的一个重大疑问。

　　李宗仁分析中日双方的实际情况，号召战区的几十万军队随时做好抗击日军的准备。

　　李宗仁少年时期就接受了军事方面的教育。在几十年的戎马生涯中，他不仅积累了丰富的实战经验，还不断总结军事理论。

　　面对日本侵略军的强大攻势，他主张避强击弱，灵活抗击日军。李宗仁在谈论抗日的战略时，提出了一系列扬长避短的论点，其中指出："从战略方面看，若日本侵略者实行堂堂正正的阵地战，则彼强我弱。"

　　"吾人必须避我所短，而发挥我之所长，利用我广土民众，山川险阻等

条件，作计划的节节抵抗的长期消耗战。"

"到敌人被深入到我国广大无边原野时，我则实行坚壁清野。"

"发动敌后区域游击战"，使"敌人疲于奔命，顾此失彼，陷于泥潭之中"。

李宗仁刚到徐州时，第五战区的兵力达10个军20个师，约16万人。但李宗仁深知，这些军队不少是地方杂牌军，部署散乱，难以与日军硬拼。李宗仁抓住日军的弱点，提出了"敌进我退，敌退我打"的作战方针，指挥所属部队去一个一个地夺取胜利。

🔻 李宗仁（左三）和蒋介石（左一）

1938年1月，东路日军第十三师团沿津浦路北上。为了防范这路日军，第五战区把第十一集团军总部从徐州向安徽寿县转移，以便就近指挥作战。

1月5日，第十一集团军总司令李品仙命令于学忠指挥的第五十一军沿淮河北岸构筑防御阵地，阻止日军北进；命令第十一集团军所属第三十一军主力在凤阳、红心铺附近占领阵地，形成攻势防御；命令徐源泉指挥的第十军迅速向合肥推进。

1月中旬，当日军第十三师团主力得到重武器的增援后，继续北上，主力接近明光一线。李品仙总司令根据李宗仁的作战意图，命令第三十一军把津浦铁路的正面让开，部队撤到铁路西侧的山区，伺机打击日军。

这一"敌进我退"的举动，使第三十一军在选择战场和选择作战对象上占据主动，一旦时机成熟，就能给日军以有力打击。如果在兵器不占优势的情况下与日军打阵地战，面对面硬拼，看起来勇，却难以打胜仗。

1月18日，李品仙指挥第三十一军给北上日军以沉重打击，就是这一"让"—"撤"创造了有利战机。

战场情况错综复杂，军队的某些行动，往往能以真乱假，以假乱真。中国军队的"敌进我退"，日军以为是败退，即于1月28日兵分三路，对淮河地区发动攻击战。

2月3日，东路日军第十三师团主先后攻占蚌埠、临淮关。

2月8日，日军第十三师团主力分别在蚌埠、临淮关强渡淮河向北岸发起进攻。中国守军第三十一军奋起反击，歼灭日军500人。

2月9日，日军强渡淮河。当日军向王庄阵地进攻时，中国守第一一四师的官兵与日军展开了激烈的拼搏，伤亡2000多人。李宗仁分析了战场的全局态势以后，命令第二十七集团军所属第五十九和第二十一集团军所属第七军增援南线。

2月11日，李品仙指挥第三十一军官兵向被日军占领的上窑地围攻，中国军队的官兵奋不顾身，冲进敌阵，与日军展开肉搏战，歼灭日军100多人。

不久，廖磊率领的第二十一集团军到达合肥、舒城、八斗岭、下塘集一

线。中国军队兵力增加。

2月13日，张自忠军长率领第五十九军到达淮河流域，指挥部队占领了姚集、固镇、蒙城一线阵地。

2月16日，日军遭到攻击后被迫抽调主力6000多人增援考城、上窑、池河等地时，张自忠指挥第五十九军乘机反攻，把日军驱逐到泥河南岸。

经过一个多月作战，南路日军先后被歼灭2000多人，损失战车百余辆，腹背都受到中国军队的威胁，处于十分不利的局面，没有力量再向北面发展，还担心后路被中国军队切断。

在此情况下，日军被迫全部退回淮河南岸，与淮河北岸的中国军队隔河对峙。中国军队的上述战斗，不仅挫伤了日军的进攻锐气，也为组织徐州外围防御争取了时间。

李宗仁满腔爱国热情，在指挥徐州会战中提出的独特作战方法，尽管在南线作战尚未充分体现，也初见成效。

张自忠精忠报国
三援临沂

北线作战的第一个焦点，是临沂争夺战。

临沂位于徐州东北，是防守徐州的一道重要门户。临沂县城外，金雀山、银雀山两座山东西对峙，相传早年这两座山上开满了黄色和白色的草花，状如云雀，因而得名。

徐州会战，临沂成为中日双方数万军队争夺的一个重要战场。

1938年2月下旬，北路日军华北方面军第二集团军司令官西尾寿造指挥第五、第十师团的部分兵力，分两路向南进犯。其战斗部署是：

日军第五师团长板垣征四郎指挥第二十一旅团向临沂突击。这个师团一部曾在平型关遭到八路军第一一五师的沉重打击。

西路：日军第十师团矶谷廉介指挥长濑谷支队从济宁地区西渡运河，向嘉祥进攻；命令濑谷支队沿津浦铁路南进，向滕县进攻。

日军进攻的枪声，首先在东路的临沂方向响起。

3月5日，东路日军第二十一旅团进至临沂北面的汤头、白塔一线。这路日军共有3个步兵团、一个炮兵团、一个骑兵营，共20000多人。主要编制有：第十一联队所属两个大队；第二十一联队；第四十二联队所属一个大队；野炮兵第五联队所属两个大队；山炮兵一个中队。

汤头、白塔一线，距离临沂城只有5千米，日军占领进攻出发阵地后，随时都可能向临沂发动攻击。而防守临沂的中国军队只有庞炳勋军长指挥的第四十军所属5个团。

庞炳勋指挥的这些部队在防守临沂初期，战果显著。2月下旬，日军开始

南下侵犯，庞炳勋要求部队严密防守，主动出击。

在庞炳勋的指挥下，第一一五旅前出到莒县与日军激战，歼灭日军200多人，自己伤亡500多人，战后，撤退到临沂附近的相公庄。第一一六旅在垺庄、汤头一线截击日军，歼灭日军数十人，击毁汽车3辆，缴获汽车1辆，战后，部队退到临沂的诸葛城。

日军在3月上旬发动进攻，显然进行了充分准备。日军的二十一旅团不但编制满员，还有飞机大炮配合。庞炳勋军长要求部队严守阵地，同时把日军进攻的严重情况如实向李宗仁报告。

李宗仁深思熟虑之下，觉得如要确保徐州安全，就必须加强兵力，遂向蒋介石要求调增兵力。

3月10日，日军在坦克、飞机和众多炮火的掩护下，向临沂发起了猛烈的攻击。庞炳勋军长严令部队坚守阵地，不准放过一名日军。激烈的战斗进行了一天一夜，日军始终无法突破第四十军的防线。

这一天战斗，使徐州的外国使团和记者感到吃惊。日军精锐的板垣师团竟然无法突破中国一支"杂牌军"的防守。此日的结局使板垣征四郎也恼羞成怒，他一面调遣增援部队，一面命令第二十一旅团继续对临沂发起猛攻。

日军连续不断的猛烈进攻，使第四十军遭到重大损失。庞炳勋把警卫排都派到阵地上去了，预备队也没有了，不得不连发急电，请求李宗仁支援。李宗仁为难了。庞炳勋势单力薄，应该派部队去支援。张自忠指挥的第五十九军及所属第三十八师、第一八零师离临沂不远，本该调第五十九军增援临沂。但是，张自忠与庞炳勋之间的成见颇深。

战前，张自忠得知庞炳勋率领第四十军也来参加徐州会战，曾对人说：在任何战场都可以拼死一战，唯独不愿意与庞炳勋在一个战场作战。

李宗仁想起张自忠战前那句话，觉得很难让张自忠率领部队去解临沂之围。

可是，第五战区除了滕县附近张自忠指挥的第五十九军外，没有其他部队可以调动了。虽说军令不可违，但是，如果张自忠心中不痛快，即使率领

部队行动，也难以真正解临沂之围。李宗仁思前想后，决定亲自找张自忠谈话。

这天，李宗仁找到张自忠，试探性地问："张军长，临沂战场万分危急，你知道吗？"

"看到战况通报了。"张自忠响亮地回答。

李宗仁点了点头，开门见山地说："张军长，你和庞炳勋有宿怨，我甚为了解。本来，我不想强人所难。不过，以前的内战皆为私怨私仇。现在，庞炳勋军长在前方浴血抗日，乃属雪国耻、报国仇。希望你以国家为重，受点委屈，摒弃个人前嫌。我命令你立即率领部队前去解临沂之围。你务必要绝对服从庞军长的指挥，切勿迟疑，贻误战机。"

"绝对服从命令。"张自忠不等听完李宗仁的话，腾地站起来，声音里有一种强烈的激情，一种对日军无比仇恨的激情，一种爱国的激情。

听到张自忠的回答，李宗仁严肃的脸上露出了少有的笑容，连声说："这就好！这就好！"

张自忠离开指挥部时，又回头说："请李长官放心，我部立即行动。"

李宗仁有一种预感，一种明显的预感。他对身旁的一名军官说："你们准备好，临沂战场一定会有捷报

张自忠将军

传来。"

张自忠接受李宗仁下达的命令后，立即指挥部队行动。第五十九军星夜兼程，部队日行军90千米，赶到临沂北郊的沂河西岸时，已经是3月11日傍晚了。

这时候，临沂战场上共有中国军队3个师，约30000人。由于张自忠率领部队赶到临沂，敌我兵力对比发生了根本性的变化。

张自忠不等安营就绪，立即组织部队进行侦察。张自忠得知，当面日军共有3个联队，约9000多人。日军装备有大量装甲车、坦克、大口径火炮，作战时有飞机配合，临沂城外一些村庄已被日军占领。于是，张自忠命令部队加强战备，自己设法与守城部队取得联系。

庞炳勋得知张自忠亲自率领部队从滕县附近赶来增援，深受感动。庞炳勋把第五战区参谋长徐祖诒叫过来，同张自忠一起研究作战计划。

张自忠提出，我军应利用暗夜向日军的侧背出击，庞炳勋和徐祖诒都表示同意。三人决定，部队以攻为守，采取侧背袭击日军的战术，解临沂之围。

以攻为守，侧背出击，这是李宗仁徐州会战的基本作战思想的体现。这一战法化解了临沂之围。

徐祖诒参谋长看到庞炳勋所在的第三军团军团部离前线只有1.5千米，难免有些担心。他对庞炳勋说："军团部是不是转移到付家庄去？"

庞炳勋摇了摇头，拒绝了徐祖诒的善意。他说："现在敌情这么严峻，如果我庞某临危后退，前方就会士气动摇，临沂城就难保了。"

3月14日凌晨3时，张自忠指挥第五十九军右翼队强渡沂河，占领东岸后，向日军的右侧后发起猛烈攻击。日军第二十一旅团正集中力量向临沂攻击，万万没有想到自己的背后突然冒出来第五十九军，部队顿时混乱起来。

这天，张自忠指挥的部队歼灭了日军2000多人。此后数日激战，第五十九军夺回了被日军攻占的亭子头、沙子岭等多处据点。

3月16日，日军在航空兵配合下，向第五十九军防守的崖头、刘家湖、钓

鱼台一线阵地反扑。第五十九军第三十八师官兵顽强抗击，战斗中，中国军队的官兵与日军短兵相接，异常勇敢，一些部队的官兵遭受重大伤亡，仍然坚守阵地。

庞炳勋的守城部队看到张自忠将军亲自率领援军赶到，士气大振。3月18日，第五十九军与第三军团的部队内外夹击，联合行动，分别从东面、南面和西面3个方向攻击汤头、王疃、傅家地附近的日军。经过3天激战，日军狼狈地向莒县逃窜。

这次战斗，张自忠与庞炳勋合作，指挥部队歼灭日军3000多人，击落飞机2架，击毁坦克6辆，缴获大量枪支弹药和军用物资，取得了临沂战场的第一次胜利。

临沂战场的第一次胜利，在全国产生了重大影响。《大公报》曾以"临沂大捷"为标题，发表了社论，对部队的勇敢战斗给予高度赞扬。蒋介石和李宗仁都给予庞炳勋嘉奖。

这次战斗的胜利，与张自忠的鼎力相助密不可分。战后，有的官兵谈到张自忠率军增援临沂这一行动时，赞不绝口，说：当时"若非张大义凛然，不挟前嫌，及时赴援。庞氏已成瓮中之物，必致全军覆没，更谈不上临沂、台儿庄大捷了"！

3月20日，张自忠接到命令，第五十九军主力调到临沂西面的费县作战。

3月23日，日军第二十一旅团得到第五师团给予的增援以后，再次向临沂发动猛攻。庞炳勋指挥部队在沂河西岸坚守。部队连续作战，得不到有效的补充和休整，伤亡惨重。部队撤到临沂近郊后，庞炳勋深感兵力不足，命令他身边的特务营、学生队等凡有战斗力的人，都要上战场。

李宗仁为了守住临沂这个要点，再次命令张自忠率领第五十九军星夜东进，驰援临沂。

此时，台儿庄战役已经打响，临沂的得失直接关系到台儿庄战役的成败，影响到徐州会战的成败。李宗仁对坚守临沂的决心很坚决。

3月24日，张自忠指挥第五十九军主力从临沂的西北方向对日军的侧背发

起攻击，一部分兵力前往临沂城，增援庞炳勋坚守临沂，确保临沂不失。

第五十九军向日军发起攻击之初，进展顺利。但是，日军很快进行反击。日军第二十一旅团再次遭到张自忠部的袭击，已经不像第一次那样慌乱了。这一次，日军对作战部署稍作调整以后，就凭借优良的武器装备向第五十九军进行反扑。激烈的战斗持续了数日，日军遭到重大伤亡。

茶叶山战斗中，张自忠为了争取主动，把师预备队调到山南，攻击日军的侧后。当日军增加兵力争夺茶叶山时，张自忠命令总预备队投入战斗，日军反攻受挫。

3月29日下午，张自忠下达了全军总攻击的命令。五十九军势如猛虎，日军节节败退，但退至沙岭子时，却凭借已有工事和优势火力顽强抵抗。中国军队几次冲锋，都难以突破日军阵地，部队遭受重大伤亡。

张自忠的心揪紧了。临沂战斗，这是"卢沟桥事变"以来重返前线指挥的第一仗。现在，战斗已经到了千钧一发的关头，士兵们在流血，阵地前到处是尸体。

张自忠站在前沿阵地上，耳边不时传来一阵阵炮声，那是台儿庄战役的炮声，那是徐州会战的炮声。听到这炮声，将军的热血沸腾了……

张自忠猛地拿起笔，写下3条手令。其中写道：

敌人亦到最后关头，看谁能忍最后之一秒钟，谁就能成功。我困难，敌之困难更大；我苦战，敌之苦处数倍于我。望率所部撑眼前这一极小之时间，甚盼，甚盼。

张自忠的手令转达到部队以后，官兵们争相传阅，部队士气大增。在中国军队震天动地的冲杀声中，日军败退了。

中国军队取得了临沂战场的第二次胜利。

日军第二十一旅团自1938年3月初对临沂发动进攻以来，进展缓慢，平均每天前进不到两千米，且伤亡惨重。全支队一共8000多人，被歼灭3000多

人。这使板垣征四郎非常恼火。

3月31日，板垣征四郎来到汤头镇，严厉训斥溃败下来的日军，命令该部死守，决不能后撤。

4月初，日军重新组织力量对临沂发起了第三次攻击。这时候，中国军队在台儿庄对孤立冒进的日军矶谷联队基本形成了包围，一旦日军第五师团的部队突破临沂，与矶谷联队会合，必将对在台儿庄地区作战的中国军队造成重大威胁。

为此，李宗仁严令庞炳勋必须坚决守住临沂。守住临沂就等于拖住了板垣征四郎的后腿，使这支日军的"精锐"部队无法接近台儿庄。

4月19日，日军的飞机对临沂城进行猛烈轰炸。日军地面部队看到临沂的西城门被炸毁，立即发起冲锋，涌入临沂城。庞炳勋和张自忠看到形势万分危急，指挥部队同日军一条街一条街地争夺，一条巷一条巷地拼杀。

那几天，临沂城里，街街都在发生肉搏战，巷巷都有枪声。中国军队伤亡惨重，但官兵决不放弃临沂。

台儿庄战役接近尾声时，中国军队奉命退出临沂，向郯

张自忠将军（蜡像）

城等地转移。

持续数月的临沂保卫战，张自忠、庞炳勋两支部队互相配合，挫败了日军第五师团与第十师团在徐州北面会师的企图。板垣师团号称是日军中的"铁军"，中国军队能以劣势装备挫败日军的连续进攻，这对全国的抗日战场是一个鼓舞。

临沂战斗，第五十九军虽然伤亡了9000多人，但为尔后的台儿庄大捷奠定了坚实的基础。战后，张自忠提升为第二十七军团军团长，同时兼任第五十九军军长。

李宗仁将军回忆临沂之战时，说："临沂一役最大的收获，是将板垣、矶谷两师团拟在台儿庄会师的计划彻底粉碎，造成尔后台儿庄血战时，矶谷师团孤军深入，为我围歼的契机。"

李宗仁还指出："此次临沂之捷，张自忠的第五十九军奋勇赴战之功，实不可没。"

白崇禧回忆临沂之战时，说："张将军在徐州会战之临沂战役，与庞炳勋将军将敌精锐第五师团击溃，减轻徐州战之压力，使台儿庄获得抗战以来第一次胜利，于战史上占有辉煌的一页。"

王铭章抵御日军
献身滕县

1938年3月24日，对于徐州的守卫者来说是一个很重要的日子，那就是蒋介石一行将来到徐州视察防务。

上午9时左右，一架标有青天白日机徽的螺旋桨飞机徐徐地降落在徐州机场上。机门打开了，蒋介石走到舷梯上，向大家挥了挥手。李宗仁走上前去，欢迎蒋介石一行。

蒋介石到徐州视察，主要是为参加徐州会战的部队鼓舞士气，同时也要看看徐州的防卫情况。蒋介石的随行人员主要有副参谋总长白崇禧、军令部次长林蔚、作战厅厅长刘斐等人。

这天，日军正向台儿庄发起猛攻，徐州上空时而可以听到日军飞机的轰鸣声。蒋介石视察了徐州战场，特别是了解了台儿庄战役的进展情况以后，当天就返回武汉了，把白崇禧、林蔚、刘斐等人留在徐州，协助李宗仁指挥作战。

白崇禧离开武汉前夕，特意邀请周恩来和叶剑英到其寓所，商讨对日作战的方针。

周恩来时刻关注全国的抗日形势，当白崇禧诚恳地问道徐州战场对日作战方针时，周恩来胸有成竹，讲述了一套完整的计划。

周恩来说：

津浦铁路南段，李品仙、廖磊两个集团军应该同新四军第四支队配合，采取以运动战为主、以游击战为辅的战法，在辽阔的

065

第二次世界大战著名陆战

淮河流域运动，时时威胁津浦铁路南段的日军，使这些日军不敢贸然北上，去支援南下的日军。

徐州以北，主力部队应采取阵地战与运动战相结合的方针，守点打援，实现各个击破。

白崇禧对周恩来提出的南北两种不同的战法，颇为赞赏。

白崇禧到徐州后，周恩来、叶剑英嘱咐张爱萍以八路军代表的名义去见李宗仁，劝说李宗仁在济南以南、徐州以北的地域抵抗日军。台儿庄就处于这一地域。

周恩来对张爱萍说："曾同白崇禧谈过此事，现派你再直接向李宗仁做工作。"

张爱萍在徐州见到李宗仁时，根据周恩来的交代主要讲了3个观点：

日本侵略军占领济南后南下，几乎是长驱直入，气焰非常嚣张。战场上骄兵必败，而且这些日军是孤军深入；济南以南、徐州以北的地形很好，台儿庄、张庄一带都是山区，这类地形对我防御有利；广西军队是有战斗力的。这次作战，北面有八路军在战略上配合，应该在这样有利的条件下集中兵力打一个大仗，既可以给日军一个沉重的打击，还可以提高广西军队在全国民众中、特别是在国民党中的威信。

张爱萍这番话，说得有理有据，特别是涉及广西军队利害关系的几句话，说到了李宗仁的心上。李宗仁听了很高兴，当即表示坚决抵抗日军。

台儿庄位于山东南部峄县境内，距离徐州30千米，西临南四湖，西南与京杭大运河毗连，南接陇海路，北联津浦路，临城至赵墩的铁路支线经过台儿庄，水陆交通便利，是徐州的东北门户，一道重要战略屏障，扼守运河的咽喉。台儿庄战役，成为徐州会战的核心战场。

3月上旬，日军第二集团军得到兵力兵器的加强以后，命令第十师团向滕县进攻，同时要求第五师团向临沂、峄县推进，配合第十师团作战。

数天后，日军第十师团以第三十三旅团为基础组成的濑谷支队，从邹

县以南地域沿津浦路南下，攻占界河，迂回到中国守军第二十二集团军的侧背。第二十二集团军下辖第四十一、第四十五军。

1938年1月，孙震总司令率领部队进至临县、滕县。2月，第一二二师师长王铭章被任命为第四十一军前方总指挥，率领第一二二师师部和第三六四旅旅部等部队进驻滕县。

日军进攻滕县，王铭章师长临危受命。第一二二师虽说是一个师，却只有两个旅，每个旅实际上只有一个团的兵力。日军不仅在数量上占有优势，还装备有山炮、野炮、重炮等多种特种兵器，武器装备上的优势更明显。

但是，王铭章师长对抗日满怀信心，他曾坦率地说："以川军薄弱的兵力和武装，担当津浦路上保卫徐州第一线的重大任务，力量不够是不言而喻的。我们身为军人，牺牲原为天职，现在只有牺牲一切以完成任务，虽不剩一兵一卒，亦无怨尤。"

北线西路日军的进攻直接威胁到徐州的安全。当时，徐州空虚，援军尚未调到。蒋介石得知上述敌情以后，即向第五战区下达命令："四十一军王铭章，务必死守滕县3日，以待增援部队巩固徐州。"

第二十二集团军孙震总司令根据第五战区的意图，命令王铭章师长："直至第一线不能支持时，亦务必令四十一军两师死守。"

这两道命令下达后，中国军队防守滕县的各项准备工作更紧张了。

北线西路日军南下如此迅速，是韩复榘放弃济南造成的恶果。李宗仁为了阻止北线西路日军的进攻，确保徐州地区的安全，曾于2月10日命令第三集团军总司令孙桐萱指挥所属部队向运河以东推进，袭取济宁。

这是一场惊心动魄的战斗。孙桐萱原来是韩复榘的部属，韩复榘接连放弃济南、泰安、大汉口、济宁等地，数天之内，山东大片领土被日军占领，他感到愤慨。

根据李宗仁的作战部署，孙桐萱指挥第二十二师强渡大运河，攻入济宁城，与日军在济宁城内展开了激烈的奋战。但是，由于日军及时得到增援，第二十二师遭到重大伤亡，被迫于2月17日晚撤退到运河西岸。

中国军队未能夺回济宁，日军的侵略野心更加狂妄。19日，日军攻陷安居镇。22日至24日，相继猛攻第五十五军和第十二军防守的阵地。连日作战，第三集团军虽然歼灭日军1000多人，但未能实现夺回济宁的意图，部队伤亡3000多人。矶谷廉介指挥的部队不断向南推进，兵临滕县城下。

1938年3月14日，日军进攻滕县，一场悲壮的滕县保卫战，拉开了台儿庄战役的大幕。

从战略态势看，进攻滕县的日军是一路孤军。日军参谋本部在筹划津浦路北段日军的作战行动时，考虑到战线长、兵力少的困境，确定济宁、邹县、蒙阴为指令线，第五、第十师团的前期行动不得超越这条指令线。

但是，第五、第十师团的官兵一向视自己为日军的精锐，一些少壮派骄矜自负，竭力主张向南推进，一鼓作气攻下徐州。特别是第十师团占领济宁、邹县一线以后，矶谷廉介急不可待，多次向第二军指挥部请求南进。

2月，濑谷支队向运河以西进攻，占领嘉祥以后，日军的侵略野心进一步膨胀。3月上旬，板垣征四郎和矶谷廉介通过方面军再次向日军大本营请求率部南下，攻占徐州。日军大本营批准了他们的请求，但同时指出，由于华北方面军正在进行晋南战役，山东战场不可能再增加部队，徐州会战的准备工作没有完全就绪。

第五、第十师团南下作战，兵力不能分散，位置不宜突出，进攻正面不要太宽，部队前进时不要太远。为了防止发生不测情况，日军大本营把作战区域限制在京杭大运河以东、以北地区。

日军华北方面军指挥部根据大本营的意图，也提出了第五、第十师团不可突出冒进的措施，方面军司令官寺内寿一特别指出，部队进至滕县、峄县、临沂一线以后，转而取守势，为以后作战做好准备。

从战役指挥上看，上述意图是符合战场情况的。徐州会战终究是一场80多万大军互相搏杀的大会战，没有充分准备，就可能遭到不测。

但是，板垣征四郎和矶谷廉介自恃武器装备上的优势，轻视中国军队的战斗力。特别是第十师团占领济宁以后，继续南下，取得了局部胜利，第一

第
二
次
世界大战
著名陆战

次冒险成功。

他们的行动虽然受到了日军大本营的节制，但一时的局部胜利使一些日军将领失去了理智，他们不顾一切，孤军深入，急于向徐州挺进。

进攻滕县的日军，由第十师团第三十三旅团濑谷启指挥，共有兵力约15000人。濑谷启指挥的这路日军，孤军前出，不能及时得到其他部队的增援，成为相对好打之敌。

战役指挥者要善于抓住处于孤立态势之敌打击。在敌人无隙可乘时，不要轻举妄动，而冷静地观察战局的变化，等待其脱离主力、孤军深入之敌的出现，以便为己所用。脱离主力，孤军深入之敌，常常是在战斗过程中出现的，这就要求战役指挥者要善于抓住战机。

这路日军人数虽然不多，但配备了不少炮兵，在炮兵火力上有较大优势。日军进攻滕县，凭借炮火优势，占据了主动地位。但在台儿庄却遭到了灭顶之灾。

3月14日，天刚蒙蒙亮，日军的飞机就飞临滕县上空，对滕县进行狂轰滥炸。紧接着，炮弹一波接一波地落在滕县县城，日军在坦克的掩护下，向滕县附近的中国守军阵地发起攻击。防守滕县的中国守军在第一二二师师长王铭章的指挥下，拼死坚守。

孙震总司令得知日军大举进攻滕县，立刻从临城乘火车赶到滕县，不顾日军密集的炮火，到前线阵地察看。在北沙河地段，孙震把附近部队的指挥官召集到一起，明确提出了抗击日军的作战方法。

孙震在阵地上大声说："为了国家存亡，必须人人抱定'有敌无我、有我无敌'的决心，与敌死拼，不负男儿七尺之躯。"孙震临阵动员，振奋了滕县守军的士气。

3月15日，日军陆续增加部队，上万日军向滕县右侧迂回，加强了对滕县的进攻。滕县东北十余里的冯河、龙阳店等几个主要据点被日军包围。

此时，王铭章师长能够指挥的滕县守城部队，只有8个步兵连、1个卫生队，连同滕县县城的警察和保安队，一共也不到3000人，真正有战斗力的部

队只有近2000人。

面对装备精良的日军的连续进攻，滕县的处境非常危急。王铭章临危不惧，动员官兵誓死报国，部队士气高昂，一次又一次地把日军击退。

3月16日，从黎明开始，日军向滕县东北方向发动猛烈进攻，上万发炮弹倾泻在滕县城内，飞机整整轰炸了一天。坚守滕县外围各主要据点的中国守军互相隔离，被迫各自作战，一些据点的官兵壮烈牺牲。

孙震总司令获悉滕县的战况，打电话给王铭章："昨天，汤恩伯的先头部队已到临城，后续部队会陆续赶到。你们必须坚守滕县。你的指挥所应立即移到城内，你要亲自指挥守城事宜。如果守城兵力不足，可以把城外的兵力调进城内。"

"我们一定固守待援。"王铭章坚定地表示。

王铭章到滕县指挥所后，当即告诫滕县城内全体官兵：我部必须死守滕县。我和大家一起，城存与存，城亡与亡。现在，立即把南门和北门堵死，东门和西门暂时留出通道，没有我的命令，任何人不准出城，违纪者，就地正法。

命令传下去后，王铭章师长镇定自若，登上滕县城头，不断慰勉守城官兵，坚决阻击日军，誓与阵地共存亡。为了集中兵力加强滕县的防守，天黑以后，王铭章命令城外各据点向滕县靠拢，进入县城防守。

日军的优势兵力久攻不克，矶谷廉介恼羞成怒。这天夜间，他把30000多日军、70多门大炮、近50辆战车调集起来，把滕县城关的东面、南面、北面包围起来。

滕县的战局越来越严重，第五战区原定由汤恩伯军团的一个团接替滕县的防务。该团已于3月15日到达临城。孙震总司令得知这一情况，命令该团立即前往滕县，支援王铭章师长防守滕县。但是，由于该团必须等到军团司令部到达临城后才能北上，难以立即前往滕县。

当时，第二十二集团军在临城的部队只有第四十一军直属特务营了，这个营仅有3个步兵连，1个手枪连，力量单薄。孙震总司令为了解滕县之围，

命令特务营营长率领3个步兵连星夜出发，急行军赶往滕县，支援王铭章师长防守滕县，他自己身边只留下1个手枪连。

3月17日拂晓，日军就开始向滕县进行猛烈炮击和轰炸，每分钟都有数十发炮弹落到县城，日机接连不断地向中国守军投弹、扫射。阵地被炸毁了，房屋倒塌了，起火了。滕县城内，到处硝烟弥漫，烈火熊熊，只有北关的美国教堂还依稀可辨。

东南角的城墙被炸塌了，日军在坦克的掩护下，向缺口冲击。王铭章师长指挥官兵用机枪、手榴弹顽强抗击。日军冲过来，官兵们就用大刀同日军展开了肉搏战。

王铭章师长看到部队伤亡越来越严重，焦急万分，即发电报给第五战区指挥部。电文陈述："黎明敌即以大炮猛烈攻城，东南城角被冲破数处。现在督师力战。"

数小时后，王铭章又给孙震司令发出第二份电报。电文称："敌步兵登城，经我军冲击，毙敌无数，已将其击退。若友军再无消息，则孤城危矣！"

可是，援军在哪里？

3月17日下午，日军继续用重炮猛烈轰击滕县，日机的攻击越来越频繁，预先构筑的工事几乎被夷为平地，守城官兵大部分在同日军的拼杀中光荣牺牲，阵地上剩下的人都已血肉模糊，连面目都分不清了。

王铭章师长意识到，这是报国的最后关头了。他给孙震司令发第三份电报，报告说："目前敌用重炮、飞机从晨至午不断猛轰，城墙缺口多处，敌步兵屡次登城，屡被击退。"最后，王铭章表示，"决心死拼，以报国家，以报知遇。"

这是将军从炮火连天的阵地上发出的最后一份电报。

王铭章师长发出这份电报后，神情泰然，仿佛不是在激烈的生死场上，仿佛眼前没有这场战斗。他缓缓地向一处阵地走去。忽然，他看见滕县县长周同站在身边，他停住脚步，语气和蔼地说："周县长，你可以走了，你应

该走了。守城，有我指挥。"

周县长两道明亮的目光注视着将军，说："王师长，'守土有责'这四个字，我是明白的。抗战以来，只有殉土的将军，没有殉职的地方官。我们食国家之禄的，非常惭愧！王师长这样爱国，这样爱民，我们深受感动。我为一县之长，绝不苟生。我要做一个为国牺牲的地方官。"

肝胆相照，悲壮凄凉。将军和县长紧紧地拥抱在一起，迸发出一种不可战胜的力量。

日军从东面和西面攻入县城。王铭章师长把指挥所设在县城十字街头，亲自督战。看到日军冲过来，他举起枪，愤声怒吼："弟兄们，我们要坚守到最后一分钟，要拼到最后一滴血！"

蒋介石下达的坚守滕县3日的时限早已过去了，战斗还在继续。傍晚，王铭章师长和少数随从已经无法在街上同日军展开搏杀，即从西北角登上城墙，准备到火车站去指挥战斗，继续与日军拼杀。

突然，一颗子弹击中了王铭章师长的腹部，鲜血很快染红了将军的衣服。卫兵见状，急忙用绑腿为将军包扎。

正当卫士要把受伤的王铭章师长转移时，一排子弹射过来，王铭章师长光荣殉国。

滕县保卫战，中国守军没有一个人投降。

3月18日，滕县、临城陷入日军之手。

3月20日，韩庄、峄县被日军占领。

滕县虽然失守了，但是，王铭章师长面对10倍于己的日军的疯狂进攻，率领部队坚守滕县阵地4个半昼夜，中国军队伤亡近万人，歼灭日军2000多人，为台儿庄大捷创造了有利条件。

局部的牺牲，换来了全局的胜利。对此，作为战区司令官的李宗仁深有体会地说："若无滕县之死守，焉有台儿庄之大捷？台儿庄之战果，实滕县先烈所造成也。"

战后，日军一名记者撰文说：

1938年3月初，我军攻占济南后，组织濑谷混成支队，以步兵两联队配合相当数量的炮兵、坦克、飞机，继续南进，在泰安、兖州等处，均未遇到抵抗，但到滕县后，遇到四十一军之一二二师顽强抵抗三天，我军遭受很大损伤。

王铭章的灵柩运回四川时，沿途群众路祭不绝。英国、法国在长江上的船舶，下半旗，鸣礼炮致哀。王铭章的家乡新都县举行了隆重的迎灵仪式。汉口、重庆、成都这3个城市都为王铭章举行公祭。

1984年9月1日，四川省人民政府追认王铭章为革命烈士。9月14日，中华人民共和国民政部为王铭章遗属颁发了烈士证书。

台儿庄血战

挫日军威风

作战厅长刘斐随蒋介石从武汉飞到徐州以后，每天都要和李宗仁交谈一两次。有时候，他们在作战室里比画着地图谈，有时候是随意地散步。

"自从南京失守以后，前线不少将士沮丧，我们必须选择有利时机打一个胜仗。"刘斐说。

李宗仁听了，微微点头，说："是呀，胜仗可以鼓舞士气，振作精神。南京失守了，我们要在徐州附近打一个胜仗。抗日战争，需要鼓舞民心士气呀！"

李宗仁与刘斐对视一眼，说："临沂张自忠的部队，打了胜仗。现在，矶谷廉介指挥的第十师团攻占滕县，骄狂万分，他们不会顾及左翼板垣征四郎指挥的第五师团被阻止在临沂，也不会等到南线日军北上呼应，必然要孤军冒进，直扑台儿庄，抢一个津浦路作战的头功。"

这也是作战厅长刘斐思考的主题。听了李宗仁这几句话，刘斐立刻说："我们要发挥部队装备轻快的特点，发挥兵力对比上的绝对优势，大胆实行机动灵活的运动战，在日军没有对徐州形成合围前，将其各个击破。"

李宗仁忽然站住了，一句话也不说。李宗仁心里明白，在抗日这一事关中华民族生死存亡的重大问题上，国民政府统帅部的意见不一致，有人主张持久防守，消耗日军，有人主张打运动战，各个击破日军。徐州会战，他必须选择一种能有效歼灭日军，能打胜仗的战法。

回到指挥部，李宗仁自言自语：这些日军，急于打通津浦路。他们急，我们就有战机！

　　李宗仁详细分析了日军的企图，进一步向部队明确了作战方针。这个作战方针是：

　　　　固守台儿庄及运河一线，诱敌来犯，断敌后路，相机实施反包围，聚歼日军。

　　李宗仁在组织指挥第五战区进行徐州会战过程中，曾多次要求蒋介石增加兵力。

　　蒋介石看到，加强第五战区的防御具有战略意义，因此，他把正在河南进行补充训练的汤恩伯指挥的第二十军团和孙连仲指挥的第二集团军调往徐州战场，把这两支部队用来守卫徐州的门户台儿庄。为此，第五战区对作战部署进行了调整。李宗仁作出的新的作战部署是：

　　孙连仲指挥的第二集团军3个师，坚守台儿庄的正面阵地。其中，第二十七师、第三十师在运河一线以及台儿庄以西布防；第三十一师用主力坚守台儿庄，以一部兵力配置于台儿庄东侧和西侧，支援台儿庄的核心阵地作战。

　　汤恩伯指挥的第二十军团，部署于向城、洪山一线，阻击北面的日军。其中，用两个军向峄县、枣庄日军的侧背进行攻击，配合孙连仲的部队围歼日军；用一部分兵力担任台儿庄到韩庄之间运河南岸的防务。

　　孙连仲接到命令以后，立即组织先遣人员前往徐州以北地区，选定指挥所；命令第三十一师师长池峰城率领部队，迅速进驻台儿庄及其附近地区，掩护其他部队进入预定地域。

　　台儿庄的东面和西面是三角形的山地，有利于组织防御。有利的地形条件是良好战场的重要标志。孙连仲根据台儿庄的地形特点和李宗仁明确的作战任务，作出了以下部署：

　　　　集团军总司令部设在距台儿庄城寨5千米处。

第三十一师：第一八四团防守台儿庄城寨，这是防守台儿庄的核心阵地。台儿庄以西3.5千米的范口村，台儿庄以东1.5千米的官庄，是支撑台儿庄的两个"角"，各派部分部队防守，与台儿庄城寨互为犄角之势，协同作战。另一部分部队沿大运河南岸设置防御阵地。

第三十师、第四十四旅：在台儿庄以南地区和贾汪东北地域集结。

1938年3月22日，各部队按照以上部署进入阵地。

孤军冒进的日军第十师团第三十三旅团濑谷启得知中国军队的防御行动以后，开始感到了自己的不利处境。他看到，他们的前面，孙连仲指挥的部队两万多人已经开始构筑防御工事；他们的后面，汤恩伯指挥的部队6万多人已经占据有利地形。他们的左面，第五师团的友邻部队进攻临沂受挫，已经同他们失去了联络；尤其是他指挥的这支部队只有1.5万人，在兵力数量上处于劣势。但是，骄横的日军凭借精良的武器装备，自认为战斗力处于上风，依然急于向台儿庄挺进。

3月23日，濑谷启明确了进攻台儿庄的作战行动，主要是：

步兵第六十三联队第二大队配属野炮兵一个大队，组成台儿庄派遣队，向台儿庄进攻。这支派遣队大约只有两个营的兵力。

步兵第十联队第二大队为主体，组成沂州支队，向临沂方向前进，策应临沂方向的坂本支队作战。这支部队大约只有一个营的兵力。

步兵第六十三联队第一大队在韩庄等地担任守备，主要任务是担任右翼的警戒，保障台儿庄派遣队的右翼安全。旅团司令部及其余部队驻扎在峄县附近。这部分日军大约有3个营的兵力。

3月24日，就是蒋介石到徐州视察的时候，日军分两路开始对台儿庄的攻击行动。

沂州支队东进至郭里集，就受到汤恩伯指挥部队的阻击。一个营的步兵

如何能突破数万部队设置的防线？

数千名日军在空军配合下，向台儿庄阵地发起攻击。攻击开始后，日军不断增加兵力，一会儿用重炮轰击，一会儿用坦克冲击，大有一举突破台儿庄阵地的嚣张气焰。

孙连仲总司令深知台儿庄防御战是一场恶战。战斗前夕，孙连仲亲赴前线，指挥部队抗击日军。他对官兵们说："面对强大的敌人，我们只能依靠地形挡住它，再利用夜里的小突击拖住它。没有命令，决不能撤退！"

守卫台儿庄的第三十一师官兵与日军展开激战，不时地以灵活的战术同日军进行周旋。突然，日军的炮火把台儿庄城寨东北角的城墙炸塌了，日军看到城墙中的这个突破口，纷纷往城里冲。

池峰城师长看到情况万分危急，厉声命令："敢死队，跟我上！"

在师长的带领下，第一八六团官兵蜂拥而上，同日军拼杀起来。台儿庄西面的国民党守军第三十师的官兵乘势从翼侧打击日军。突入台儿庄城东北角的日军两面受到威胁，立足未稳，就被中国守军歼灭了。

李宗仁送走蒋介石，看到台儿庄战役第一天的战斗报告，当即传令："奖赏敢死队银元10万。"敢死队员们听到李宗仁的嘉奖令，一致表示："只要抗日，不要银元！"

李宗仁闻讯，心甚为感动。战前，孙连仲、汤恩伯各指挥一支大兵团，谁打阵地战？谁打运动战？谁能守住台儿庄？谁去侧击日军？李宗仁颇费了一番心思。在国民党军队中，西北军以善于防守著称。李宗仁把坚守台儿庄正面核心阵地这个最艰巨的任务交给孙连仲指挥的第二集团军，是用人之长，用军之长。

第一天战斗，李宗仁更加坚信战前用对了人，用对了兵。徐州会战，孙连仲指挥的部队在台儿庄战役中起到了重要作用。

3月27日，日军增加兵力以后，继续向台儿庄进攻。这时候，日军的进攻队伍中已经有独立机枪第十大队、轻装甲车第十中队等火力和突击力比较强

台儿庄大战（油画）

的兵种。战斗打响后，日军主力都被吸引到台儿庄附近。

激战中，日军部分主力突入台儿庄的北门。第三十一师官兵奋力反击，阵地上你来我往，中国守军与日军展开了拉锯战。看到隆隆开过来的日军坦克，中国守军把10多枚手榴弹捆成一束，把日军的坦克炸毁。肉搏战时，中国军队官兵手中的大刀发挥了强大的威力，日军被砍得血肉横飞。

李宗仁见守城部队士气高昂，日军已经就范，看到歼灭日军的时机基本成熟，命令第二十军团用部分兵力监视当面的日军，主力迅速南下，围歼台儿庄的日军。

3月28日，日军的攻击越来越猛烈，坚守台儿庄阵地也越来越艰难。第三十一师官兵遵照李宗仁的命令，不畏牺牲，英勇抗击，始终坚守阵地。

台儿庄战斗到了关键时刻。这天，李宗仁严命第二十军团用主力攻击台儿庄以北的日军的侧方，配合第二集团军的官兵打击日军。

3月29日，天刚蒙蒙亮，孙连仲总司令就把师长、旅长和炮兵团长召集到一起，进一步明确了坚守台儿庄的决心。

孙连仲对大家说："根据种种迹象分析，我们当面的日军正在等待援助。我们要以钳形攻势把这些日军歼灭。第三十一师仍然要坚守阵地，要牢固树立独自为战的思想。同时，我们还要组织部队出击，打阵地战，内外配合，就会主动得多。"

日军矶谷廉介为了迅速攻下台儿庄，命令濑谷启即刻把旅团主力投入战斗。

为了钳制日军南下，减轻台儿庄战场的压力，3月30日，第五战区命令第二十集团军以一部兵力对峄县的日军进行佯攻，另以一部分兵力迅速向泥沟前进，协助第二集团军的部队打击围攻台儿庄之日军。

这支中国军队千方百计破坏铁路、公路交通，切断峄县与台儿庄这两部分日军之间的联系。这天，蒋介石命令第五战区的部队死守台儿庄。

李宗仁司令长官下达了第二集团军死守台儿庄阵地命令，同时，李宗仁再次严令汤恩伯率领部队迅速南下，协助第二集团军歼灭进攻台儿庄之日

军。

3月30日，日军荣福团在台儿庄遭到中国军队的南北围攻，处境危险。濑谷急忙命令日军前往增援，自己则赶到台儿庄前线督战。日军竭力全力攻击台儿庄阵地。

3月31日，中国军队把进入台儿庄的日军全部包围起来了。

台儿庄的日军处于危急状态。为了策应台儿庄的战斗，日军第二集团军命令攻击临沂的日军支队转向台儿庄，支援台儿庄战场。日军于31日到达向城、爱曲地区，从侧面攻击第二十军团，企图解第十师团之围。

汤恩伯指挥的第二十军团发现这路日军后，命令第五十二军和刚刚到达的第五十七军一起，围攻日军支队。经过数天战斗，阻击了日军支队，使日军增援台儿庄的计划没有实现。

4月1日，日军为了增加台儿庄方向的兵力，不得不把第八旅团第三十九联队的一个大队派遣到台儿庄。连日激战，台儿庄难以攻克，日军第十师团已经山穷水尽，矶谷廉介能够掌握的预备队，也只有5个营的兵力了。

4月3日，日军再次向台儿庄阵地上的中国守军发起攻击，不断投掷催泪瓦斯弹。当日军攻占台儿庄的东南门后，突入城寨百余米，台儿庄大部分市区的街道被日军占领。第三十一师官兵在激战中死伤三分之二，仍然据守南关的几处阵地，同日军拼死抵抗。

李宗仁分析了战场全局情况，拿起电话，冷静地命令孙连仲："第二集团军各部必须坚守至次日拂晓，拖住日军，等待汤恩伯军团前来增援。"

孙连仲毫无惧色，坚定地回答："长官有此决心，我第二集团军牺牲殆尽不足惜，连仲亦以一死报国家。"

4月4日深夜，汤恩伯指挥的部队到达台儿庄的北面。这时候，台儿庄已经有三分之二被日军占领。

李宗仁原来认为，汤恩伯的部队4日中午即可到达，因此，命令孙连仲于4日晚上向日军阵地反击。这天半夜，孙连仲把阵地上所有能用的兵都集中起来了，伤员们来了，炊事员、担架兵都站到了敢死队的行列里。这支数百人

的敢死队正要出发，电话铃响了。

池峰城师长在电话中向孙连仲总司令请示："是否可以撤退到运河南岸去？"

孙连仲毫不犹豫地命令："部队决不能撤退。士兵打完了，你自己填上去。你填过去了，我就来填进去。有谁敢过河者，杀无赦！"

池峰城师长以必死的决心组织部队抵抗，把增援的日军击退。

这夜，第三十一师的敢死队在黑暗中冲入日军阵地。日军连日作战，没有料到中国军队会在半夜里突然杀出来，仓皇应战，溃不成军。经过敢死队的一场夜战，台儿庄阵地被孙连仲夺回了四分之三。这是中国守军的一个奇迹。

这场夜间战斗，汤恩伯指挥的部队没有参加。4月5日，蒋介石打电报给汤恩伯，严厉指出：

台儿庄附近会战，我以十师之众对师半之敌，历时旬余未获战果。该军团居敌侧背，态势尤为有利，攻击竟不奏效，其将何以自解？急应严督所部于六七两日奋勉图功歼灭此敌，毋负厚望。

在蒋介石的严厉命令下，汤恩伯指挥部队向日军的后方攻击。

4月6日拂晓，台儿庄阵地上仍然是硝烟弥漫，几声枪响打破了黎明的寂静。濑谷启看到自己的部队损失惨重，已经难以继续战斗了，几经思考，命令部队停止攻击，收缩阵地，准备于傍晚撤出台儿庄。

谁知，矶谷廉介接到以上情况报告以后，坚决不同意日军撤出阵地，命令他们立即转入攻势行动，去消灭台儿庄的中国守军。

濑谷启看到师团长发来的命令，又看了看阵地上到处都是死伤的日本兵，把这份命令紧紧地捏在手中。日本军队军纪严明，但这天晚上，有的日军却不顾军纪，逃离台儿庄。

晚上，中国军队对日军发动全线攻击。日军队形混乱，东奔西逃。第二集团军和第二十军团的官兵内外夹击，越战越勇。

为了彻底歼灭溃逃的日军，第八十九师第五二九团团长罗芳珪同副团长一起来到前沿阵地，仔细观察敌情。他们这支部队已经同日军激战多日了，现在要争取最后的胜利。突然，一发炮弹落下来，在罗芳珪团长的身旁爆炸了。罗芳珪团长身一歪，倒下了，弹片击中了他的头部和胸部。

警卫人员见状，大吃一惊，急忙过来抢救团长。

罗芳珪躺在一名战士身上，微微睁开眼，当他看到周围的人都为抢救他而忙碌时，想挣扎着坐起来。他用微弱的声音说："余死无足惜，君等但须继续前进……"

这位年轻的团长终因流血过多，在大会战胜利的前夕，光荣牺牲了。

日军被击溃了。将士们聚集在罗团长身旁，把一束束鲜艳的桃花放在他的遗体旁。山坡上，那些盛开的桃花在微风中摇摆，仿佛在向英雄志哀，向英雄告别。

至4月7日凌晨，被围困的日军濑谷支队除少数突围到达峄县固守待援外，其余全部被歼灭。台儿庄战役，以中国军队的全胜而落下了帷幕。

一场血战结束了。第五战区司令长官李宗仁在作战厅长刘斐的陪同下，来到台儿庄阵地，进行巡视。看到战场上中国军队官兵壮烈牺牲的动人情景，刘斐对李宗仁说：这场战斗打得这么苦，国民政府应该大力宣传，以振士气。

李宗仁频频点头，他对身边的人说，把台儿庄战役的详细情况电告各方，多做宣传，扩大影响，鼓舞抗日士气。

台儿庄战役，中国军队给予来犯日军歼灭性的打击，摧毁坦克30多辆，缴获了大批军用物资。据日军华北方面军参谋第三课统计，两个师团一共死伤1.2万多人。

这是中国军队在抗日战争中取得的最大的一次胜利，这个胜利，鼓舞了中国军队的士气，沉重打击了日军的嚣张气焰。日军《步兵第十团战斗详

报》记载，台儿庄中国守军"决死奋战之状历历在目"，"士兵依靠堑壕顽强抵抗直到最后"；堑壕中尸山血河，"睹其壮烈者亦为之感叹"。

台儿庄大捷，鼓舞了中华民族的抗战热情，掀起了抗击日军的高潮。为了庆祝这一胜利，武汉举行了10万人的大游行，游行队伍前面，用卡车载着李宗仁和白崇禧的巨幅画像。

军事委员会参谋长何应钦在国民党五届五中全会报告军事时，称："敌板垣、矶谷两师团，直迫台儿庄，经孙连仲部坚强抵抗，以杨军团由东北向西南压迫，并以孙桐萱、曹福林、李明扬各部，渡过微山湖，断敌交通补给，迄4月3日，我包围之势已成，对台儿庄之敌，乃实行总攻，敌伤亡约达万人，几全部歼灭，我俘获无算，为抗战以来空前之大胜利。"

台儿庄战役的胜利，是抗日将士用鲜血和生命换来的。台儿庄大捷，中国军队付出了沉重的代价。战斗结束后，全国的许多报刊纷纷报道抗日将士打击日本侵略者的英勇事迹，其中，长沙《大公报》在1938年4月15日发表了题为《扼守南口，威震中外；台庄会战，为国捐躯》的文章，悼念罗芳珪团长。

中国人民不会忘记抗日英雄。1988年5月18日，中华人民共和国民政部追认罗芳珪为革命烈士。

蒋介石炸黄河挡侵略日军

台儿庄战役结束以后，中日两军的统帅部重新判断徐州地区的战争形势，都大量向徐州地区调集军队，但战略出发点不同。

台儿庄战役，中国军队歼灭日军万余人，一度掌握了徐州会战的主动权。中国最高军事当局受到台儿庄大捷的鼓舞，对徐州地区军事态势作了新的分析判断，日军不可战胜的神话再一次被打破。

对于下一步行动，国民政府一些高级将领意见不一致。有人认为，徐州附近的中国军队应转移阵地，重新建立起一道保卫武汉的新防线。有些人主张，要利用部队高昂的士气，再打一个胜仗。

蒋介石接受了后一种建议，决定"扩大台儿庄战果"，在徐州地区同日军进行一场决战，夺取决战的胜利。因此，蒋介石按照决战的意图，把战斗力强的部队纷纷调到徐州地区。出于这一战略考虑，第五战区的部队由会战初期的29个师迅速增加到64个师又3个旅，总兵力约60万人。

日军大量向徐州地区增加兵力，主要出于4种考虑。

一是通过台儿庄战役，日军看到徐州附近集结了大量中国军队，认为这是进行一场决战的好时机，是歼灭中国军队的主力、挫伤中国军民抗日意志的好时机。

二是春季来临，日军对北方强国苏联的战备有所松弛，在全局上日军有较多的机动兵力可以南调，战略预备队的力量加强。

三是日本最高军事当局受台儿庄战役失败的影响，对中国军队的战斗力进行新的评估，认为徐州不可能轻易取得，必须调集重兵，四面合围，才能

打通津浦铁路，攻占徐州。

四是台儿庄作战失败后，一些日本军官萌发了报复中国军队的心理。

出于以上考虑，日军统帅部对徐州地区的军事态势作了新的判断，对北平、天津、山西、江苏、安徽等地日军的作战任务重新进行调整，抽出第十四、第十六、第一一四师团，命令这3个师团向徐州地区运动，配备各种重武器，调遣数百架飞机，进行徐州作战，打通津浦路。

1938年4月3日，日军大本营研究了进行徐州作战的可能性。

4月7日，日军大本营下达了组织徐州作战的命令。陆军部根据上述命令，制定了《徐州附近作战指导要领案》。其基本作战意图是：徐州作战，华北方面军和华中派遣军联合组织实施，以华北方面军为主，华中派遣军配

⚫ 台儿庄大战（油画）

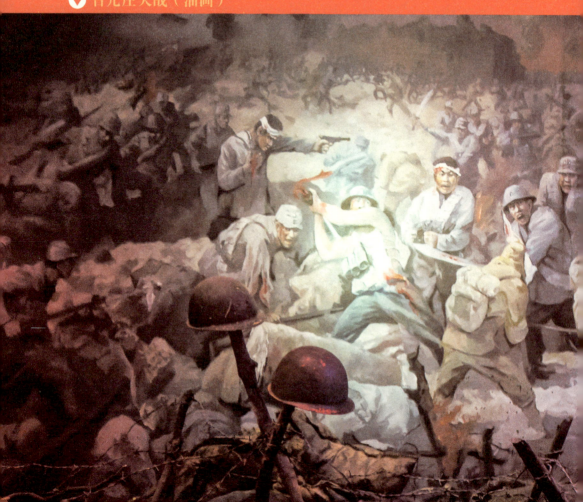

合华北方面军作战。作战开始后，主力兵团向西迂回，从侧后保卫徐州，歼灭中国军队第五战区主力。

其任务区分主要是：华北方面军第五、第十、第十四、第十六师团向开封以东行动，攻占陇海铁路沿线以北地域；主力南下，进攻徐州；用两个师团向兰考、商丘方向进攻，切断中国军队向西的退路。

华中派遣军第九、第十三师团在徐州以南行动，占领徐州以南的津浦路和合肥地区，从南面策应华北方面军进攻徐州。

4月中旬，"日军大本营派遣班"进入中国，在济南设立指挥机构。这个派遣班由参谋部作战部负责，主要任务是协调徐州南、北日军两大兵团的作战行动。

4月17日和18日，日军在济南召开了参谋工作会议，华北方面军和华中派遣军有关人员在会上明确了两军进行徐州作战的有关事宜。由此可见，日军大本营对徐州作战是多么重视。

4月18日，日军发起了新的攻势。

日军第五师团遭到中国军队沉重打击以后，稍经补充休整，以步兵第九旅团为骨干组成支队，从临沂西北的义堂地区南进。

第十师团分成3路纵队，从薛城、峄县、向城之间60千米的正面上向南攻击前进，对中国守军进行牵制性进攻。第十六师团的支队担任第十师团的预备队。

中国军队第二集团军，第二十、第三军团，第二十七军团第五十九师奋起抗击。日军每前进一步，都受到中国军队的沉重打击，进攻迟缓，到月底，这路日军仍被阻止在韩庄、邳县、郯城一线地域。

日军新的进攻，催促中国军队作出新的作战部署。徐州战场有64个师，这不是一支小部队。这些部队如何部署，蒋介石并没有作出详细计划。作战厅长刘斐曾向蒋介石建议，山东南部的中国军队应该以机动防御为主。

在作战指导上，除以一部分军队同日军保持接触外，主力应集结在便于机动的地区，相机打击日军；运河沿线要有中国军队防守；徐州以西地区，要控制强大的战略预备队，以便应付突然发生的各种情况。但是，这些建议没有被采纳。

第五战区司令长官李宗仁对徐州周围集结重兵有不同看法。李宗仁认为："我方在徐州一带平原，聚集大军数十万人，正是敌方机械化部队和空军的最好对象"。

李宗仁还指出："以我军的装备，只可相机利用地形条件，与敌人作运动战。"

李宗仁经过反复考虑，决定把其中21个军编为5个兵团。这些兵团是：

淮南兵团：李品仙任司令员，编有3个军的部队。

淮北兵团：廖磊任司令员，编有4个军的部队。

鲁南兵团：孙连仲任司令员，编有9个军的部队。

陇海兵团：汤恩伯任司令员，编有3个军的部队。

苏北兵团：韩德勤任司令员，编有2个军的部队。

一场数十万军队参加的大会战开始了。

徐州大会战，实际上是徐州外围战。

1938年5月5日，日军从南面和北面同时向徐州夹击，其战略意图是，先迂回徐州西侧，再四面包围徐州。

徐州南面战场：日军第九、第十三师团从蚌埠沿北淝河、涡河西岸北进；第三师团从蚌埠出发，向大营集、宿县进攻。

徐州北面战场：日军第十六师团从山东的济宁渡过运河，向江苏省的丰县、砀山挺进；第十四师团从河南省的淄阳县南渡黄河后，向兰考挺进；第十师团把韩庄、台儿庄地区的作战任务交给第一一四师团接替，在夏镇附近渡过微山湖，向江苏省的沛县进攻。

以上作战目的一旦达成，日军就完成了对徐州的四面合围，形成同中国军队主力进行决战的态势。

为了从四面合围徐州，日军对这次进攻行动进行了精心的准备。进攻发起后，各部队进展顺利，会战进程似乎是按照日军单方面制定的时间表推进的。

5月9日，日军第十六师团南下，向砀山、唐寨地区挺进，从西面攻击徐州。第十四师团步兵第二十八旅团奉命从河南新乡转赴山东济宁，向郓城、菏泽等地发起进攻，掩护师团主力强渡黄河。

5月10日，日军第九师团经蒙城、永城等地，向徐州西南地区进攻。当时，廖磊指挥的第二十一集团军所属第七、第四十八军防守淮河中流地域。廖磊命令第一七一师师长杨俊昌带一个团，扼守宿县；命令第一七三师副师长周元率领一个团，扼守蒙城。

日军进攻蒙城时，周元遵照廖磊司令长官的命令，指挥2000多官兵拼死抵抗。激战中，防守蒙城的中国军队除20多名士兵突围外，周元副师长及其

余官兵全部壮烈牺牲。这路日军16日逼近徐州。

5月11日下午，日军步兵第二十八旅团攻占郓城。郓城失守，菏泽就暴露在这路日军的进攻正面了。防守菏泽的中国军队第二十三师师长李必蕃感到敌情严重，严令第六十八旅组织反攻，夺回郓城。

第六十八旅出发后，李必蕃师长亲自带领师直属队前往增援。第六十八旅刚从前线撤退，没有得到休整，加之日军的炮火异常猛烈，部队多次组织反攻，官兵遭受重大伤亡，仍然没有夺回郓城。

李必蕃师长立即调整部署，把第六十七旅配置在菏泽左侧，把第六十八旅部署在菏泽的右侧，严令全师各部队抓紧时间做好战斗准备，死守菏泽。

5月12日，日军第十四师团南渡黄河以后，迅速以一部兵力前进到内黄集附近，截断了陇海铁路。这等于截断了中国军队向西撤退的后路。

5月13日，日军第十三师团前进至徐州西南的永城，占据了徐州西南方向的有利地域，从西南面包围徐州。第九师团沿津浦铁路前进，攻占宿县。南线日军，攻占永城、宿县以后，从南面形成了对徐州的合围态势。

5月14日，日军第二十八旅团凭借化学武器和重炮的猛烈攻击，突破菏泽的外围阵地，把菏泽城四面围困起来。

防守菏泽，又是一场血战。

李必蕃指挥的第二十三师，有一支以工兵为主的骨干队伍，擅长防守，敢打硬仗。看到日军猛烈的进攻，李必蕃知道菏泽已经是一座孤城了，守城的决心更加坚定。他对官兵们说："我们无论如何都要坚守阵地，绝不能后退。"

日军攻城的炮火越来越猛烈，排炮几乎没有间隙，接二连三地落在中国军队的阵地上。日军冲上来了。李必蕃师长一声令下，官兵们一齐向日军射击，机枪喷出了一条条火龙，打得日军东倒西歪。

在日军一次接一次的炮击中，菏泽的防御阵地被炸成一片废墟，村庄在燃烧，树林在燃烧。部队伤亡越来越大，有些排的官兵全部牺牲在抗日的阵地上，有的连只有几名伤兵还坚守在阵地上。

日军越来越近了。师参谋长黄启东英勇殉国了，刘冠雄团长也在战斗中牺牲了。李必蕃看了看身边的几名随从，手一挥，毫不犹豫地冲出战壕。在激战中，李必蕃身负重伤，随从副官急忙把李师长搀扶下来，组织直属连杀开一条血路，突出重围。

傍晚，满身是鲜血的李必蕃被救护到菏泽以南的地方。李必蕃从昏迷中醒来，得知菏泽已经被日军占领，悔恨交加，决定以一死来激励将士们继续抗日。

他吃力地取出一份地图，写下了"愿我同胞，努力杀敌"的遗言，趁护理人员不注意，猛地举起手枪，在自己头上开了一枪。

李必蕃以身殉国，在全国反响强烈。国民政府追晋李必蕃为陆军中将。各地报刊纷纷登载文章，赞扬李必蕃的爱国精神。中共中央和八路军总部代表吴玉章、罗炳辉等人率领代表团，参加李必蕃的追悼大会，并送了一块刻有"民族之光"的大匾。1986年，湖南省人民政府追认李必蕃为革命烈士。

菏泽失守那天，日军第十四师团主力攻占曹县，第十六师团主力攻占金乡。部署在这一地区的国民党军队没有能够阻止日军的进攻，致使中国军队徐州地区的防线被日军突破。这一突破，对徐州地区的防御产生了重大影响。

1938年5月15日，沿津浦铁路北上的日军第三师团攻占大营集以后，在第九师团左翼支队的配合下，向徐州挺进。

日军连续进攻的炮声，大片领土的失陷，迫使国民政府的一些高级将领重新认识徐州地区的军事态势。在数量上占有绝对优势的中国军队，未能有效地抗击日军的进攻，短短10天时间，南北两路日军即完成了对徐州地区的合围，这使蒋介石等人感到十分意外。

国民政府一些高级将领开始意识到，在黄河与淮河之间的狭小平原地区同装备精良的日军进行决战，是不现实的，要消灭日军，必须另谋他路。为了保存有生力量，5月15日，国民政府军事委员会召开会议，决定放弃徐州。

蒋介石下达的命令是："避免决战，撤离徐州。"

5月16日，李宗仁根据蒋介石的旨意，下达了第五战区各部队脱离徐州战

血染尘埃

场的命令。司令长官作出的撤退部署是：刘汝明指挥第六十八军占据徐州有利地形，掩护各部队撤出徐州战场。第二十四集团军留在苏北。第六十九军在鲁南、鲁中地区开展游击战。

第五战区主力部队分成五路，分别向徐州西南方向突围，向河南、安徽边界的山区撤退。李宗仁部署完撤退任务以后，静静地坐在指挥室里，心情格外沉重。

5月18日，李宗仁同白崇禧、刘斐等第五战区长官部的人员一起，在第三十一军和第七军一个师的掩护下，从萧县以南地域突围，向阜阳前进。

一路上，日军的飞机不时地临空侦察。为了免遭意外，李宗仁一行白天隐蔽，夜间行军，整整在途中行军7天7夜，终于到达阜阳。

5月19日，第六十八军完成了掩护第五战区各部队撤离徐州的任务，即放弃徐州。当日，日军占领徐州。

在徐州会战接近尾声时，发生了在抗日战争中有重大影响的两个事件：

❤ 战场上的中国炮兵

一个事件是中国空军到日本进行"纸片轰炸"，一个事件是黄河决堤。

"纸片轰炸"发生在徐州陷落的当天。

徐州会战失利后，侵华日军越来越猖狂，日军飞机对武汉、重庆、广州的轰炸也越来越频繁。国民政府召开最高军事会议时，有人提出，中国应该对日军占领徐州作出强烈反应，在这个时候，一定要千方百计打击侵华日军的嚣张气焰，要激励全国军民的抗日热情。在日军的强大攻势面前，中国采用什么方法打击日军？这是一个难题。

有人说：日军飞机对中国的大城市狂轰滥炸，中国空军就不能轰炸日本本土吗？

有人说：中国是文明古国，是礼仪之邦，不能像日本法西斯那样，滥杀无辜。

有人说："七七"事变以来，日军残暴地屠杀中国人民，侵占中国大片领土，中华民族遭受了巨大灾难。日本本土并非固若金汤，我们为什么不能让日本尝尝中国人的炸弹？

有人提出：空军能担任远航日本的重任吗？国民政府的空军组建以来，还没有作过如此远距离的飞行呢！

这次会议，经过激烈争论，决定秘密派飞机到日本，不投炸弹，只投掷宣传弹，并责成航空委员会军令厅选定远征日本的空勤人员。

蒋介石的外籍顾问端纳得知中国空军要远航日本，连连摇头，说：去日本？中国飞行员没有这个能力，应该聘请一位美国飞行员。

经过协商，美国飞行员选定了。但这位飞行员狮子大开口，远航日本一趟，必须给他10万美金。那时候，10万美金约合40万大洋。这不仅是要价高，也是对中国飞行员的蔑视。

在这种情况下，国民政府有关部门决定，把远航日本的任务交给空军第十四中队中队长徐焕升。徐焕升是笕桥航校第一期毕业生，曾经到德国学习，能担当此任。随徐焕升编队飞行的僚机由佟彦博驾驶。佟彦博是笕桥航校第三期的毕业生，曾经担任蒋介石的专机驾驶员。

093

1938年5月19日15时23分，徐焕升驾驶1403号长机，佟彦博驾驶1404号僚机，悄悄地从汉口机场起飞了。这两架美制"马丁"B-10B轰炸机运载着100万份宣传单，经过2小时飞行，按预定计划到达宁波栎社机场加油，于23时48分起飞，向日本飞去。

5月20日凌晨2时45分，中国飞机飞临长崎上空，撒下传单，再向日本的福冈、九州等一些城市飞去。

随着中国飞机B-10B的一阵阵轰鸣声，宣传单雪片似地飘落下去。徐焕升和佟彦博及时向国内反馈信息：空中没有拦阻，探照灯柱到处可见，高射炮火密集射来……

那夜，日本的长崎、九州等城市的市民们惊恐万状，军方束手无策。狂妄的日本军国主义者万万没有想到，中国空军的飞机能飞到日本领土上。当他们看到中国空军撒下的传单时，日本举国骚动。

这些传单，有的是《告日本国民书》，有的是《告日本工人书》。其中《告日本国民书》写道：

> 我们中国的空军，现在飞到贵国的上空了。我们的目的，不是要伤害贵国人民的生命财产。我们的使命，是向日本人民，说明贵国的军阀在中国领土上做着怎样的罪恶。请诸位静听……
>
> 日本兄弟，在诸位之中，有开始反对战争、理想做正义和平的人，也有为军阀的宣传所欺骗而讴歌战争的人；但，不管是哪一种人，想来一定都因贵国的言论被统治，要了解时局的真相是困难的。所以，试作以下的说明，希望诸位详加考虑。
>
> 中国空军将士中日人民亲善同盟

《告日本工人书》有以下内容：

> 解放是不会自己来的，现在正是人民争回自由的时候了。你

们掌握着生产，掌握着日本军阀之心脏的工人兄弟！

觉醒诸君伟大的力量吧！诸君掌握着东洋的命运，打倒日本军阀，为解除两国人民的苦痛，以同盟罢工来战斗吧！

中华全国总工会

这种宣传，也是一场战斗，它对日本国民产生的影响不亚于战场上的一个胜仗。

黎明，两架中国飞机圆满完成任务，顺利返航。

8时48分，佟彦博驾驶的僚机在玉山机场降落了。9时24分，徐焕升驾驶的长机在南昌机场降落了。机场上，掌声雷动。各类人士聚集机场，热烈欢迎远征归来的勇士。

中共中央和八路军武汉办事处为了祝贺这次行动，特地赠送了两面锦旗，一面写着"德威并用，智勇双全"；另一面写着"气吞三岛，威震九州"。

在徐州会战期间，两架中国空军的飞机远航到日本撒传单，这一行动，长了中华民族的志气，灭了日本侵略者的威风。6天以后，日本近卫内阁被迫大改组。

黄河决堤，发生在日军西进途中。

日军占领徐州及其附近地区以后，日本大本营决定"扩大徐州会战结果"，命令部队沿陇海路西进，追击撤退的中国军队。5月下旬，日军大本营先是命令进攻兰考、商丘、永城、蒙城以东地区，继而又下令攻击部队越过上述4个县城，继续西进。

根据日军大本营的命令，华北方面军和华中派遣军命令第十、第十四、第十六师团分路向西追击。5月24日，日军第十四师团的部队占领兰考后，被中国军队包围。经过近一周的激战，中国军队撤退。日军继续西进。

6月6日，日军第十四师团占领开封。7日，离郑州只有数十千米的中牟陷落，中原重要城市郑州危急。

日军连续西进，数周内侵占中原地区大片领土，引起了中国人民的愤慨。如何阻止日军西进，成为国民政府军事委员会面临的十分迫切的问题。郑州一旦失守，日军必将会沿平汉路南下，进攻武汉；也会沿陇海铁路西进，进攻西安。这将使抗日战争的形势变得更加严峻。谁知，在如此重大的问题上，蒋介石决定采用"以水代兵"的战术。

6月初，蒋介石出席在武汉举行的最高军事会议。当讨论如何阻止日军西进时，军事委员会侍从室一名副主任建议，选择适当位置炸开黄河大堤，水淹日军。蒋介石采纳了这一建议，下令在郑州东北的花园口附近炸毁黄河大堤。这道命令，带来了一场新的灾难。

黄河，是中华民族的母亲河。黄河，从黄土高原夹带大量的泥沙，由西向东气势磅礴地奔泻下来。进入华北平原以后，黄河水流减缓，河道开阔，由于泥沙逐年淤积，河床远远高出两岸的田园和居民，汛期水位，比开封著名的铁塔和郑州著名的"二七纪念塔"塔顶还要高，成为一条"悬河"。

黄河两岸广大百姓生命财产的安危，都系于那条大堤上。中国历代王朝都采取措施，防止黄河水患。

1938年6月9日，国民党军队奉命在花园口炸开黄河大堤。数千年来，黄河沿岸的人民群众不断修筑大堤，把大堤修得十分坚固。奉命炸堤的工兵部队连夜挖掘，多次爆破，都没有把大堤炸开。蒋介石得知这一情况，接连3次责问为何没有炸开大堤？

受命炸堤的工兵分队万般无奈，不得不另选地址，炸药、地雷同时使用。突然间，一声惊天动地的爆破声，一条"黄龙"从中华民族的母亲河里奔腾而出。

刹那间，滔滔黄河水带着混浊的泥沙，从缺口夺路而出，犹如万马奔腾，呼啸着，奔腾着，沿中牟、尉氏、扶沟一线向南泛滥，把沿途的村庄、庄稼、树木全部吞灭，美丽富饶的中原大地出现了大面积黄泛区。

7月20日的《新华日报》报道：

　　黄河决口，共有两处，一在郑州以北24里的花园口溃决150公尺，水深3丈；一在中牟以北32里的赵源口溃决300公尺，水深丈余。

　　两决口相隔40里，中间杨橘一带，并没有水。花园口的决流，南经京水镇入贾鲁水支流至白沙镇，与赵源口决流汇合，入贾鲁河向东南泛滥……

　　日军沿陇海铁路向西推进途中，突然遇到滚滚洪流席卷而来，毫无思想准备，部队的大炮、战车等辎重物资陷入一片汪洋之中，许多官兵被洪水吞灭了。面对凶猛无比的滔滔黄河水，日军的重装备难以行动，日军统帅部不得不命令部队停止前进，向黄泛区以东地区撤退。

　　蒋介石"以水代兵"，尽管暂时阻止了日军西进，却造成黄河改道，河南、安徽、江苏3省40多个县市，3000多平方千米的田园变成了一片汪洋，1250万人悲惨地遭受这场灾难。仅河南省的郑县、中牟、开封、太康、淮阳、鹿邑、尉氏等21个县市，就有900万亩耕地被淹没。

　　滚滚洪流，吞灭了90万人的生命，造成上千万人流离失所，豫东广大地区，成了满目疮痍的黄泛区。黄泛区年年受灾，岁岁饥荒，灾荒带来的损失，更是无法统计。

　　中原人民不仅饱受日本侵略者野蛮掠夺之苦，又面临着人为的洪水带来的巨大灾难。

　　徐州大会战，在滔滔黄河水泛滥中，落下了帷幕。徐州会战，有临沂、滕县、台儿庄的激战，最终却以水代兵，给中原人民造成重大灾难。

血染尘埃

第二次世界大战著名陆战

德军闪击波兰

  1939年9月1日，德军通过飞机轰炸和炮火准备后，地面部队从北、西、西南三面向波兰发起了全线进攻。苏联根据《苏德互不侵犯条约》的秘密条款，在1939年9月17日从东面入侵波兰。德军和苏联红军在9月28日在布格河会师。波兰侵略战在10月6日结束，但是波兰没有向德国或苏联投降，而是与盟国继续进行抵抗。

德国制造

"格莱维茨事件"

　　1939年9月1日凌晨4时40分，德国空军正式开始轰炸波兰的空军基地。5分钟之后，地面部队越过德波边境，进入波兰境内。同时，一艘德国战列舰出现在清晨的薄雾中，开始轰炸位于韦斯特普拉特的波兰要塞。

　　在前一天夜里，战争的序幕徐徐拉开了。德国为袭击波兰炮制了一个冠冕堂皇的理由——"格莱维茨事件"。

　　那么，格莱维茨事件是怎样出笼的呢？在1939年8月22日，一群排列整齐、穿着耀眼制服的德国陆海军的将军在聆听着阿道夫·希特勒的训示。希特勒把他们召集到奥伯萨尔茨堡他的一个乡村隐秘居所，简短地下达了发动战争的命令。

　　希特勒说，波兰将遭受集结在其边境的150万军队及数以百计的装甲部队的攻击。进攻日定为9月1日。进攻发动时刻：凌晨4时30分。目标：彻底摧垮波兰。

　　不久，德军首脑们获悉了希特勒突然提出的代号为"希姆莱行动"

的计划。至少希特勒认为，这一计划将提供"一个血腥的挑衅"，向德国人民证明：是波兰率先挑起了事端，希特勒动用国防军是为了报复波兰的"无礼"。

希特勒精心策划的阴谋是由党卫队的头目、精于阴谋策划的海因里希·希姆莱一手操作的。希姆莱最信任的年轻的党卫队军官阿尔弗雷德·瑙约克斯负责具体实施，瑙约克斯已做好准备制造令人瞠目的骗局。他在距离波兰边境很近的小镇——奥潘林藏了6天。8月31日中午，柏林当局突然电令瑙约克斯当天采取行动。

12名代号为"罐头货"的德国囚犯被带出监狱，换上波兰军服，送往奥潘林。由党卫队一名发誓保密的医生给他们实施了药物注射。

瑙约克斯和他的党卫队人员也穿上了波兰军服。20时，他们和那几个被

德国士兵（模拟场景）

麻醉了的囚犯抵达格莱维茨电台外围，这里距波兰仅几英里。

　　由瑙约克斯发回的电报显示，他的随行人员将囚犯带到目的地，并一一将其枪杀。随后，瑙约克斯和他的随行人员冲进电台，向天花板连续射击，其中一个能说一口流利波兰语的党卫队员通过无线电发射器高呼挑衅性的口号。最后，党卫队员从那里迅速逃离。

　　第二天清晨，德国报纸摄影记者和报道记者涌向格莱维茨电台。几小时后，整个第三帝国的所有出版物都登载了被"守卫电台的德国士兵"击毙的"波兰士兵"的照片，激起民众的强烈义愤。这样，希特勒找到了入侵波兰的借口。9月1日黎明时分，希特勒发动了对"波兰侵略者"的大规模"反击"。

纳粹军队
入侵波兰国土

1939年9月1日，战争爆发伊始，德国空军就立刻开始执行轰炸任务。

德国空军的第一个任务就是彻底摧毁波兰的空军力量。波兰所有的主要军事基地都遭受了猛烈轰炸，德国空军所到之处的所有地面目标也都遭受到了重创。

波兰飞机迅速投入到空战之中，但这些飞机要么被击落，要么被逐出战场。波兰军队的旧式战斗机比起德国空军的"梅塞施米特"109型战斗机来说，简直是麻雀遇到鹰。

据德国低空侦察机报告，波兰的轻型防空武器和小型炮火的威力还是相当强的，不过对高空中飞行的德军飞机无能为力。

德国人没有想到，波兰空军第一天并没有被德军打垮，相反，他们继续竭尽全力发动反击。保卫华沙的空战进行了3天。

波军巡逻战斗机飞过了西里西亚和波希米亚-摩拉维亚去轰炸东普鲁士。但是9月3日，波兰空军开始溃败瓦解，此后，德国轰炸机畅通无阻地横扫整个波兰。

波兰空军被击败后，德国空军集中兵力打击地面目标。德军打击的重点是公路、桥梁、铁路和其他交通设施。后来，德军轰炸机还轰炸了波兰的政府机关、厂矿企业。

大批波兰军队企图抵挡德军的地面进攻，但遇到了德国空军几乎一刻不停地轰炸。德国空军也没有放过波兰的民用目标，华沙在战争第一天就遭到狂轰滥炸。

血染
尘埃

9月1日清晨，德军"北方"集团军群的两支部队采取行动时遇到大雾，这样的天气虽然有助于掩护行动，但也造成了军队内部相互开火的混乱局面。

第四集团军从波美拉尼亚直接向东推进，以阻断波兰走廊，而第三集团军则兵分两路，一路进攻西南部，一路挺进南部，攻打波兰首都。

在波兰走廊更往北的地方，尽管沿波罗的海海岸线有波兰强大的军事力量在继续抗击，但是但泽地区波兰军队却几乎没有组织起有效的抵抗。但泽很快就被德军一个步兵旅拿下了。

入侵第一天，在海因茨·古德里安的第十九坦克军的掩护下，德国第四集团军一路势如破竹。德国统帅部预计波军将会撤退到布雷河建立起防线。

但当9月2日德军坦克穿越布雷河的时候，却只遭到了微弱的抵抗。在此

 空中的飞机

第二次世界大战著名陆战

期间，曾发生一个问题：第十九军的坦克燃料和弹药这时已经用光，曾一度陷入了困境。

后来成为赫斯第三集团军情报军官的冯·梅伦廷记述了这样一件事："战役一开始，我才知道在真正的战争条件下，即使一个受过良好军事训练的人也会感受到激动和紧张。有一架低空飞行的飞机在战地司令部的上空盘旋，每个士兵都顺手抓起武器朝这架飞机开火。一位空军联络官跑过来，要求停止射击，他对这些激动过头的士兵说，那是一架德国指挥飞机——一架老牌的'弗斯勒'式飞机。飞机着陆后，从里面走出了直接指挥我们的空军将领，而他并不感到这件滑稽的事情有什么好笑。"

面对德军秋风扫落叶般的打击，惊慌失措的波兰波莫瑞军团已是只有招架之功。在9月1日的交战中，一支德国步兵遭到了波兰第十八骑兵团的袭击。在战争过程中，波兰军队很快就发现自己已被德军的装甲车包围。经过激战，波军伤亡惨重，波军指挥官马萨特勒兹上校阵亡之后，剩余人员仓皇撤退。

后来，这次战斗就演变成了波兰骑兵进攻德军坦克这一传奇故事。在这场战役的后期，波兰山地部队曾多次与德国步兵交火，而且也确实有过德军坦克进攻波兰骑兵部队的事发生。

德国第三集团军的先头部队在进攻华沙时，遭到了莫德林军团的暂时阻拦。莫德林军团在姆瓦瓦地区拥有防御阵地，并坚持抵抗了3天，直到德国迂回包抄他们后才不得不向南撤退。

负责其他地区军事行动的军队也被派给第三集团军，当该集团军向西进攻波兰走廊时，在维斯拉河的一个城镇格罗坦兹遭遇了波兰军队猛烈袭击，再往北，德斯查河附近的一座大桥也被波兰军队拆毁了。但是，德军熟练掌握了浮桥的架设，他们很快在维斯拉河畔的梅威又架上一座桥。

9月3日，第三、四集团军会师诺因比格，包围了波兰走廊北部的波兰军队。与此同时，德军开始将溃不成军的残余的波莫瑞军队逼回至布罗比格。

布罗比格市聚居着很多德国人，当德国入侵的消息传到这里后，他们发

105

动了叛乱，波兰军队和其他波兰人民在镇压这次叛乱的过程中，不乏流血事件。这次镇压活动几乎成为所有德国媒体和电台的头条消息。

这次战争重新点燃了德、波两国之间由来已久的积怨。希特勒和纳粹的宣传机器无疑是给这种敌对关系火上浇油。在德国入侵波兰的前一周，希特勒对他的高级将领发表了一次演说，具体说明了他将怎样派遣党卫军部队到波兰"毫不怜悯地杀死所有波兰的男女老幼"。希特勒对斯拉夫民族的极端仇恨演变成对波兰的疯狂杀戮。

9月4日至5日，波特沃斯基将军指挥的波莫瑞部队的剩余人员开始向华沙撤退。在3天时间里，这些筋疲力尽的军人们第一次没有遭到德军的围追阻截而安全后撤。德国第四集团军的大部没有沿维斯拉平原继续追击波兰军队，而是重新向东部部署，他们紧跟在第三集团军的先头部队之后，进军东普鲁士，从北面和东北面向波兰逼近。

龙德施泰特将军指挥"南方"集团军群负责消灭驻守在西里西亚边界的波兰军队，并从南面夺取华沙。

9月1日上午，整个波兰南部地区晴空万里，德军侦察飞机可以毫不费劲地看到部署在西里西亚边界的长长的德国军队。中间是龙德施泰特将军率领的第十集团军。从它的7个机械化师跟在6个步兵师之后的强大阵容可以看出，该军团是各支入侵波兰队伍中最为强劲的，同时也说明它是领导德军先遣部队进攻华沙的核心力量。

从左翼保护第十集团军的是第八集团军，它的目标是攻占罗兹。第十四集团军是德军先遣部队的右翼，它的任务除了要保护德军入侵部队的南翼之外，还负有攻克克拉科夫和加利西亚工业区的任务。

德国"南方"集团军的先头部队在战争爆发的第一天就已深入波兰境内24千米。由汉斯·冯·卢克率领的侦察连就是这些率先跨越德波边境的先头部队的其中一支力量。

下面这段话描述了德军进入波兰境内是何等的轻松：

106

　　我们与装甲兵侦察连一起行动，边境上只有一个海关官员在防守。当我们的一个士兵走近他时，这个吓得半死的人打开了国界栅栏。

　　我们没有遇到任何抵抗，就这样踏进了波兰国土。方圆数里，看不到一个波兰士兵的影子，尽管他们可能一直在为德国"入侵"做准备。

　　但是第二天德国入侵部队就没有再遇到这等好事情了，德军前进的速度也慢了下来。

　　波军原想沿瓦尔塔河和向南到钦斯特切斯一带建立防线，但德国突袭所造成的混乱和对德军强大力量的恐惧，使波军的设想变得不可能实现。

　　9月3日一早，辛斯特切斯就被第十集团军占领了，德国机械化部队还夺取了架在瓦尔塔河上的桥头阵地。第十四集团军对克拉科夫向南发起了进攻。

　　其余的山地部队开始穿越斯洛伐克境内的喀尔巴阡山脉中的关隘，德军从两面包围了防卫克拉科夫的波兰军队。

英法口头承诺
宣而不战

波兰最高指挥部意识到波军在南、北两线有可能全军覆没，于是在1939年9月5日，最高指挥部下达了向维斯图拉河总撤退的命令。但第二天，这一命令又变成进行新防御的政策。

这条新的防御线是从东北方向的纳雷河到维斯拉河，最后到达桑河。斯密格莱·利兹元帅不得不面对残酷的现实，此时在前线已经大败，唯一的希望就是在波军被肆虐的坦克纵队和德国空军击毁之前，把尽可能多的军队撤退到相对安全的东部地区。

前3天的战斗对波军最高指挥部来说，无疑是一次让人心悸的打击。如果要挽救波兰这个国家，这时西方盟国的支援比任何时候都更显得重要。

德国入侵波兰的消息传到世界各国后，法国继续奢望以调解的方式阻止战争蔓延，甚至要求请墨索里尼来主持一次国际会议以解决波兰危机。

英国政府认识到德国对波兰的进攻即意味着欧洲战争，9月1日和2日，英国首相张伯伦试图说服法国下决心对德国发出最后通牒。

9月2日晚，张伯伦在本国议员的集体施压下，命令英国驻德国大使尼维尔·亨德森爵士于次日上午9时向希特勒递交一份最后通牒。这份通牒要求德军必须立即停止进攻，并于当日上午11时以后开始从波兰撤军；否则，英国将向德国宣战。

当亨德森的声明传到希特勒那儿时，这位德国元首坐在那儿"面色铁青"。而后，希特勒对外交部长里宾特洛甫大发雷霆，他问："现在几点？"

　　那时已过了英国提出的最后时限了，希特勒决定孤注一掷，无视英国的警告。

　　9月3日上午11时，张伯伦通过广播向英国人民宣布了一个悲壮的消息：英、德两国处于战争状态。

　　当天晚些时候，法国也随英国之后发表了声明，宣布法国对德宣战。中欧地区的边界争端最终发展成为一场欧洲大战。

　　1939年5月，法军总司令莫瑞斯·甘末林将军曾向波兰最高指挥部保证，一旦德国进攻波兰，法国军队将在战争开始后不迟于15天的时间里进攻德国。

　　但对波兰来说，按照德军入侵的速度，即使法国真正遵守诺言对波兰提供援助，恐怕也为时已晚了。

希特勒（蜡像）

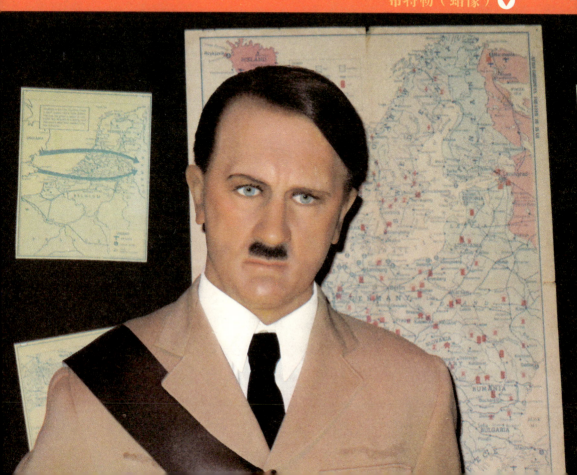

为了表面上做做样子，1939年9月7日，法国军队开进德国境内的萨尔地区。也许是为了避免人员伤亡，或是胆小怕事，法军这次进攻行动显得迟缓，好像没有把战争完全放在心上，到12日萨尔进攻被令停止时，法军仅前进了8千米。

在萨尔，法国军队在1939年10月4日撤退之前，一直采取防御战略。尽管波兰最高指挥部对盟国的援助也未抱多大期望，但1939年9月，英、法无所作为，也着实让波兰人长了见识。

英、法对德宣战影响到了此后德国对波兰的战略部署。德国陆军总司令部的首脑们担心英法盟军可能会在西线发动进攻，所以，他们不想让大批德国军队深入到波兰境内。

陆军总司令部认为，如果英法盟军真的发起进攻，那么德国的精锐部队必须尽快向西转移。

与陆军总司令部意见相左，德军地面部队的指挥官则希望在华沙以西的地方对波兰军队实施围而歼之的战略。

德国"北方"集团军总指挥博克将军就持这种意见，他准备重新部署第四集团军，使其越过东普鲁士到第三集团军左翼的新阵地，以阻止波兰军队在华沙以东建立新的防线。

博克将军的提议非常大胆，陆军总司令部认为德国在西线后方地区面临新的威胁的情况下，这样做过于冒险，因而否决计划。

接下来，经过一番争辩后，终于在1939年9月5日达成了一项妥协方案。德国陆军总司令部同意由古德里安率领第十九装甲军越过东普鲁士，从纳德河方向进攻波兰军队。第四集团军的其余部队将沿维斯拉河右岸把波军赶向华沙。

不可一世的古德里安装甲军团和机械化部队是一支极富战斗力的军队：古德里安指挥着4个机械化师，第三、第四坦克师和第二、第二十摩托化师。

博克在战术实施和后勤管理都放权给古德里安，所以这支部队比其他部队更富有战斗力。

第十九军团不受步兵缓慢的影响，因此它可以像一支完全独立的机械化部队那样行动，这样的部队在战争史上还是第一支。原本在先头部队中间位置的第十集团军的机械化师，也开始绕过坚固的防守点和大批向华沙方向撤退的波兰步兵，全速行进，超过了前面的步兵军队。

让波兰高层指挥部门惊慌的是，德国坦克部队总是抢先行进在波兰撤退的步兵前面。这样一来，波兰指挥官根本没有足够的时间去重新组织他们的逃军。

坦克部队后面或旁边紧跟随的是战地工兵，任务是排除一切障碍，其中包括拆除波军布置的陷阱和搭建桥梁。波军原以为境内的许多大河会减慢德军先头部队的前进速度，但他们没想到德军的战地工兵个个都是搭建浮桥的高手。

保罗·施特斯曼就是这样的一个工程师。尽管他并不想参军，但建筑师的背景身份使他成了一名工兵。每当需要渡河时，他就必须赶在先头部队的前面组织架桥。

下面是施特斯曼记述第一次在波军的炮火下建桥的情景：

我们带着木材，坐着橡皮艇前行，各式的枪炮向我们袭来。

即使是我们自己人向隐蔽在树林或村庄里的残垣断壁中的波兰军队射击时，我们也感到十分恐惧。我们冲向河中央，用许多绳子捆缚住漂浮不定的树干和木排搭建浮桥。

这时，炸弹、枪炮激起的尘土在我们的头顶上飞扬。在我们的步兵过河之后，我们又必须为坦克搭建一座更结实的桥。但当我们刚刚前行到深水域的时候，一挺机关枪向我们猛烈开火，离我最近的一个人被打死了。我看见他掉进水里，漂向远处，但我却无能为力。

我们跳进水中抓住橡皮艇的两舷，这些橡皮艇有些地方已经被打穿，正在一点点报废。我不知道过了多长时间，但我害怕极

了，几乎说不出话来，耳边只有巨大的声响。

过了一会儿，敌人的炮火逐渐减弱，我知道一定是我们的俯冲式飞机收拾了敌军。我们继续架桥，终于建好了一座能够让士兵通过的桥。我们刚刚放好最后一块木板，士兵们就冲上了桥，迅速过了河。就在那时，我朝四周一看，才发现我们的指挥官和其他几个人都不见了。对我们这些战地工程兵来说，面对着敌军的猛烈进攻，建造一座浮桥是多么困难呀！

1939年9月5日，德军渡过了皮利查河。第十集团军开始改变前进方向，转向东北方向，朝华沙和维斯拉河进军。

就在这时，德军接到情报说，波兰军队在一片混乱之中组建了一支新军队，以拉多姆为基地。这支军队来源多样，其中包括从克拉科夫撤下来的军队和布鲁斯军团的总预备役部队。

波兰孤军奋战
一败涂地

龙德施泰特命令第十集团军总司令**赖歇瑙**上将从三个方向包围拉多姆附近的波兰军队。

赖歇瑙的意图明确，摧毁德军主要目标——部署在华沙和维斯图拉河之间的最后一支波军主力。1939年9月8日，战斗正式开始，第四、第十四和第十五集团军参加了此次战斗。

波兰军队奋起反抗，但在空军的帮助下，装备精良和训练有素的德国军队毫不费力地打垮了波兰军队。9月11日，德军占领了拉多姆，同时还俘获了近60000名波兰战俘。

9月8日，进攻拉多姆的战斗仍在继续。第十集团军的坦克部队抵达维斯拉河，夺取了位于布莱威的一个重要桥头，紧接着又夺取了古拉卡卢瓦桥头堡，波军最高指挥部门企图在这条主要河道上建立一条防线的希望又一次破灭了。

当德国步兵赶上坦克部队的时候，装甲部队显然要在维斯拉河东岸继续采取行动了，攻占华沙的"殊荣"落在了莱因哈特将军率领的第四装甲师的头上。莱因哈特的坦克已于9月8日晚抵达华沙郊区，他下令于次日进攻华沙。

从第二天上午7时开始，在炮兵师的协助下，德军坦克开始进攻华沙，但他们遭遇到波兰军队的猛烈抗击。经过3小时的战斗，德军先头部队才停止前进，这时德军指挥官下令撤退。通过此次进攻，德军认识到没有装甲部队掩护，攻克华沙是十分困难的。

德军第十四集团军群经过重组之后，向南攻陷了克拉科夫。机械化装备的第二十二军越过多瑙吉克河向东进军，以阻拦向维斯拉河东岸逃跑的波兰军队。

9月9日，德国陆军总司令部下令第二十二军团突破波军在桑河一带的防线，北征海乌姆，与从东普鲁士向南进攻的古德里安第十九军团会师。这样一来，第二十二军团和第十九军团就形成了钳形攻势，可以完成对华沙东面波军的包围。

位于德国第十集团军北面侧翼的第八集团军向前顺利推进，直通罗兹。

◆ 机械化部队（模拟场景）

第二次
世界大战
著名陆战

这样一来，第八集团军的左翼部队就暴露在波兰波兹南集团军的面前。

德军前线部队奉命保护第八集团军暴露在外面的侧翼部队，后来又有两个后备步兵师前来增援第八集团军，组成了希南斯军团。不过此时，德军陆军总司令部和先头部队都没有充分认识到来自波兹南集团军的潜在威胁。

当前线战斗席卷波兰大部分地区时，仅有库泽巴将军指挥的波兹南集团军尚未投入战斗。德国陆军总司令部决定绕开这支波兰军队，迅速地插到波兰的心脏地区。

在波兰军队搞清了德军先头部队的真正意图以后，库泽巴请求波军最高指挥部允许他的部队从南侧袭击正在东进的德国第八集团军。

库泽巴的这一请求遭到了斯密格莱·利兹元帅的拒绝，这位元帅想要在维斯拉河一侧集结尽可能多的军队。因此，波兹南集团军开始向东面的华沙方向撤退。

在撤退过程中，波兹南军队遭到了德国空军的打击，但没有遇到德军地面部队。与此同时，波莫瑞集团军的余部也在向华沙方向撤退。这两支部队在位于波兹南和华沙中间位置的库特诺会师，该市是个重要交通枢纽。

9月8日，库泽巴又一次请求上级，允许他指挥波兹南集团军和波莫瑞集团军进攻德国第八集团军。波兹南集团军和波莫瑞集团军还是一支数量可观而且总体上编制完整的军队，它由10支步兵师和两个半骑兵师组成。

虽然波兰军队的任何进攻都会延缓东撤，但倘若不反击，他的军队还会不断受到比他们跑得快的德军坦克的侵袭，很明显，反击比不反击更有利。

波军最高指挥部别无选择。他们推断，发动一次大规模的反攻可能会从总体上减慢德国"南方"集团军群先头部队的进军速度，从而给其他波兰军队一个喘息的空间，让他们有时间撤退并重新集结。

思忖再三后，波军最高指挥部最终批准了库泽巴的请求，同意对德国第八集团军发动反击。原来负责保护第八集团军侧翼的希南斯军团已经被加速前行的德军先头部队主力抛在了后面。

当第八集团军接近布祖腊河时，它的侧翼保护部队主要是第三十步兵

师。该师部署在第八集团军前面32千米处，没有处在发动协同防御的有利位置。

9月9日，在布祖腊河东南方向，波兰军队开始反击，这也是整场战役中波军唯一的一次主要进攻。

次日，第八集团军司令部接到第三十步兵师报告说，该师已遭波军进攻，人员伤亡严重，正在被迫后退。9月10日、11日，布祖腊战斗一直在激烈地进行着。

尽管波军迫使德军后退了，但他们同时也面临着食物、军火弹药和其他军事供给短缺的问题。一位参加此次战斗的波兰军官记述了当时他和士兵面临的一些特殊问题：

> 在马路上和建筑物的废墟中，到处都是德军士兵的尸体。我命令士兵们搜查死去的德军士兵的裤兜，希望能找到我们急需的地图。
>
> 最后，我们的搜查总算有所收获：我们在一名死去的士兵口袋中找到了一张布罗卡—索哈切夫地区的地图。对我们来说，这是整场战争中最有价值的战利品了。

波兰军队在布祖腊的反击的确让第八集团军大为震惊，但并没有引起他们的慌乱。德军司令部下令抵挡住波军的进攻。在"南方"集团军的司令部里，龙德斯泰特和参谋总长曼施坦因认为，波军的进攻并不是个大问题。

相反，这次进攻恰好给德军提供了一次有利时机，让德军可以完成原来陆军总司令部制订的摧毁维斯拉河两岸波军的计划。到目前为止，在库特诺附近已经集结了大约17万人的波兰军队，如果能包围、遏制和摧毁这些部队，那么就会一举消灭掉三分之一的波军地面部队。

德国军队需要重新部署对付波军的反击，怎样经济而又迅速地调动、部署如此庞大、复杂的队伍，是对德军高层参谋人员能力的一次真正考验。

9月11日，勃拉斯科维兹将军奉命指挥这次军事行动，他从右侧的第十集团军和从北方开来的第十四集团军中抽调兵力补充、配合作战。

这样一来，第八集团军的规模在一夜之间几乎增加了一倍：一个司令官指挥着6个军。德军为准备即将来到的战役而暂时减轻了对驻守华沙的波兰军队的压力，同时，德军也减小了在维斯拉河地区的军事行动规模。

9月12日，库泽巴将军得到情报：罗兹军团的残部正在向莫德林方向撤退，他们的军队已没有会合的希望了。更糟的是，据说德军正在库特诺附近举行军事演习，波军面临被包围的威胁。库泽巴部队也面临被剿灭的危险。

9月12日，波军向东南发起进攻，希望冲出包围。在突围过程中，德军虽然丧失了一些地面军队，但却扎紧了包围圈。

到9月15日，波军的进攻已精疲力竭。同日，德国第十集团军奉令向北推进，在华沙以西切断从库特诺袋地区逃往波兰首都的所有退路。

9月16日，波兰军队又一次奋力向东北方突围，以期渡过维斯拉河后到达莫德林。但这次有计划的突围又一次被击退，还有大量的人员伤亡。

这次战斗使德国第八集团军进一步缩小了库特诺口袋地区，波军被逼退缩到越来越小的地区，他们再也无力应对德军的空中打击。

9月17日，德国空军暂停了对华沙的轰炸行动，转而集中兵力进攻库特诺口袋地区。在该地区，德国空军共投下了300多吨的炸弹，被困波军被炸得血肉横飞，惨不忍睹。

9月18日，波军的防御部队开始瓦解：当天就有40000波兰军队被德军俘虏，最后两支企图突围的波军师也被守卫华沙通道的德国第十集团军歼灭。

只有一小股波兰军队突出包围，而且许多也是依靠卡尼彼诺斯森林的掩护才逃掉的。这样一来，波兰军队就逐渐分裂成一些独立的小分队，最多也只能进行游击战争了。

虽然希特勒曾因为进军华沙的先头部队速度缓慢而斥责了他的属下，但对德军指挥总部来说，布祖腊战役的胜利是里程碑式的，它的意义甚至超过了在康奈的汉尼巴尔战役，该战役曾被普鲁士参谋官研究达数十年之久，曾

被当做军事胜利的标准。

而对普通的德国士兵来说，布祖腊战役却是一场极为激烈的战斗。时任党卫军武装部队下级军官的库特·迈尔就曾跟随第四装甲师参加了这次战役。

尽管迈尔是一个激进的纳粹党成员，但他还是对波兰士兵深表敬重："我们否认波兰军队的勇敢是不公正的，我们在布祖腊打的每一场战斗都是靠着极大的凶狠和勇气来完成的。"

当在库特诺口袋地区的波军还在奋勇杀敌的时候，波军最高指挥部采取了最后一项权宜之策：把所有军队撤退到波兰东南部，组成"罗马尼亚桥头堡"，尽管德国第十四集团军一直在沿喀尔巴阡山脉的北麓向东推进，以利沃夫为中心的波兰的东南部地区仍然作为建立新防线的最后一块地区。此外，该地区与罗马尼亚、匈牙利接壤，是重要产油区。

在9月9日夜间，北方战场上莫德林军团和纳雷军团开始撤退，德国第三集团军紧随其后。在第三集团军东侧，古德里安的第十九军团在两支波兰军团中间打开了缺口，纳雷军团随后发起反攻，但很快被击退，波军人员伤亡严重。

与此同时，德军第十九军团的两个装甲师和两个坦克师也都遇到了燃料和弹药短缺的问题，这种战争损耗让德军装甲车辆进退两难。此时，只有古德里安的小型装甲部队还保持着充足的火力和相当的机动性，能够做到长驱直入。

古德里安想让他的坦克部队沿布格河以东向布列斯特—利托夫斯克方向挺进，但陆军总司令部主张采取谨慎行动，将其装甲部队部署在比较远的东部。

古德里安最初的计划是要向南推进，夺取谢德尔兹，但由于陆军总司令部认为波军正企图建立"罗马尼亚桥头堡"，所以他不得不改变想法。古德里安没能获许按其原计划沿布格河东岸进军波兰南部，但这使他最终完成了从侧翼包围波军最后防阵地的任务。

9月14日，第十装甲师的先头部队到达布列斯特-利托夫斯克的边缘地区，这里是德国"北方"集团军在波兰最东面的一个目标。

9月15日，德军攻占布列斯特-利托夫斯克。尽管波军守卫部队在此建造了一个防御工事，而且还击退了德国第十装甲师和第二十摩托化步兵师的几次进攻，但还是未能阻拦住来势凶猛的德国军队。

9月17日，当守卫在布列斯特-利托夫斯克的最后一批波兰军队企图突围的时候，德军步兵师终于撕破了赛特德尔防御工事。德军第三装甲师南进抵达弗沃达瓦，以期与"北方"集团军中前往东北方向的坦克先头部队会合。

尽管这两支从华沙东面夹住波兰军队的"大钳子"并没有真正合拢，但它们仅相隔几千米，而且可以通过电台保持联系。钳形攻势真正接头是在进攻华沙时，两支部队的一部分在波兰首都以南维斯拉河的古拉卡卢瓦桥头堡得以会师。

苏联军队
突然开进波兰

1939年9月3日，德国外长里宾特洛甫致电苏联外长莫洛托夫，建议苏联军队进入波兰东部地区。

9月17日，当德国第十九军团攻陷布列斯特-利托夫斯克的时候，苏联军队开进了波兰。

苏联的这一行动不仅完全出乎波兰人的意料，而且也让德国军队大为吃惊。因为他们都还对8月23日签订《苏德互不侵犯条约》中的秘密条款一无所知。

苏联起初并不知道德国何时入侵波兰，所以对德军进攻的惊人速度颇感意外。但是斯大林想要确保苏联对波兰东部的控制，并在德国占领的波兰和苏联领土之间建立一块缓冲地带。

莫洛托夫奉命告知里宾特洛甫，苏联将在有充足军队可以部署的情况下进入波兰，这一天就是1939年9月17日。

苏联进入波兰的部队分为两个方面类似于集团军的部队，总共有20多个步兵师、15个骑兵师和9个坦克旅。白俄罗斯方面军由陆军司令科瓦廖夫率领4支小部队组成，任务是占据从布列斯特一利托夫斯克以北到立陶宛边界的波兰领土；乌克兰方面军由陆军司令铁木辛哥率领3个军，任务是进入普里皮亚特河以南的波兰领土，其中利沃夫是它夺取的目标。

在乌克兰方面军最南面的一支部队是第十二军，这是一支机械化部队，它的任务是阻拦企图撤退到南面罗马尼亚和匈牙利安全地带的波兰军队。驻守东部的波兰军队仅由国民自卫队、边防警备部队和一小部分预备役骑兵组

成。

　　起初，波兰军队还以为苏联红军是来帮忙的，尤其是他们看到苏军避免与波兰军队发生直接冲突时。但是随着苏联红军向波兰内地深入，形势也就趋于明朗化了：红军所到之处，波兰军队都被俘获，然后很快被解除武装，如果遇波军抵抗，就会随时爆发战斗。

　　苏军落井下石的进入无疑使已经面临绝境的波军最高指挥部雪上加霜。苏军到达利沃夫右侧，波军在该地建立任何形式的桥头阵地的可能性已不复存在。

　　因此，波军最高指挥部命令所有军队撤退到匈牙利和罗马尼亚，越过德国进攻部队，杀出一条血路来；但面对苏联军队，最高指挥部的命令是，除非被苏军阻拦，否则就尽量悄悄绕过他们的部队。

　　1939年9月17日，波兰总统和政府官员都逃往了罗马尼亚。鉴于罗波两国从前存在友好关系，很多波兰人跑到罗马尼亚寻求战争避难。

　　但就在第二天，由于德国通过外交手段向罗马尼亚施加了强大压力，逃往罗马尼亚的波兰难民纷纷遭到拘留或被遣送回国。

　　苏联红军进入波兰东部的突然行动给德军带来了一些特殊难题。《苏德互不侵犯条约》规定苏德两国将沿纳雷河-维斯杜拉河-桑河一线分治波兰，因此苏联红军进入波兰后，就告知德军应撤离到该线以西的地区。

　　但9月17日，大多数德军还在该线以东忙于肃清波兰剩下的反抗部队。如果此时撤离，波兰军队就有机会撤退到匈牙利和罗马尼亚寻求避难。

　　苏联红军突然侵入所带来的另一个深层的问题，就是让两国的士兵很难区分敌友。在很多场合，德军和苏军相互开火，造成了双方人员伤亡。

　　但是，这样的事件相对而言还是比较少的。一般说来，德军的撤退是井然有序的，而且苏、德两国军队之间还存在一定程度的友善关系，在两国的宣传资料中也记载了许多这样的事件。

　　例如，1939年9月22日，在布列斯特-利托夫斯克，德、苏两国装甲部队联合游行之后，立刻举行了由两军最高指挥官古德里安将军和克里沃斯基将

军参加的宴会。

　　对于驻守波兰南部的德国第十四集团军来说，执行撤退决定可能会遇到一定的难度，因为该集团军肩负着阻止波兰军队大批涌往匈牙利和罗马尼亚的重任。

　　9月10日，德军围攻了古城普热梅希尔。与此同时，第十四集团军的大部正向利沃夫推进。9月12日，德军第一山地师抵达该市，但遇到了波军的顽强反抗，德军因此不得不采取有限军事攻击。赞伯斯克高地俯临利沃夫，9月13日，德军发起猛烈进攻，力图占领这一关键阵地。次日，利沃夫即被包围。

　　9月20日，德军对利沃夫的包围仍在进行。此时，龙德施泰特下令第十四集团军放弃占领利沃夫，将其交给苏联红军处理，并向西移动以做休整。然而，出乎德军意料的是，利沃夫并没有落到苏军手中。就在德军打算撤离的时候，守卫利沃夫的波兰部队戏剧性地突然向德军投降了。

　　当德国第十四集团军向西撤退的时候，遭遇了向南行进的波兰军队。双方发生了几次交战，但大量波兰军队绕过德国军队，撤退到了安全地带。

　　据斯维克茨基上校的叙述，当时约有60000波兰军队抵达了匈牙利，30000人越过边境到了罗马尼亚北方，还

有15000人的军队到达了波罗的海沿岸的立陶宛。

后来这些逃亡的军人大部分都去了法国，他们在那里又组建了一支新编波兰军队。这些波兰军队饱尝了战败和亡国的痛苦，这种痛苦伴随着他们直到第二次世界大战结束。当时在波德斯加·乌尔伦旅任团长的陆军中校吉勒茨基记述了他在1939年9月19日进入匈牙利的情景：

在一个秋天的上午，我们穿过秀美的山区，踏上了外国的土地。队伍中的气氛不胜悲哀。我手下的副团长公然抽泣起来。

我们行进了数个钟头都没有见到一个人。在穿过峡谷，前往

正在集结的苏军（模拟场景）

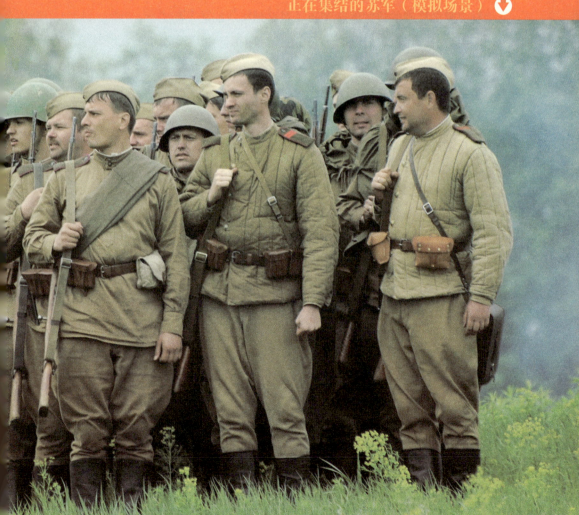

韦什库夫茨基的路上，到处都是翻倒的车辆和烧掉的文件。

骑摩托车到前方探路的团副官回来报告说，前面好几千米的路上都没有人。当我们走到离边境只有很短一段距离的时候，遇到了一队前进的人和几百辆汽车，再往前是一些山峰和峡谷，然后我们就到边境了。

一位热情的匈牙利陆军少校走上来打招呼，他还让我们转告那些长枪骑兵们，他们将在匈牙利过上自在的生活。

德军从波兰东部撤退以后，德国第三、第十和第八集团军可以全力对付尚未被占领地区的波军。面对德军的强大攻势，波兰依旧固守不降，从库特诺战役中突出重围的波兰军队加强了对首都华沙的防卫。

到9月15日，德国第十集团军和第三集团军分别从南方和北方包围了波兰首都，但是希特勒和德军统帅部都不想对防御坚固的华沙发动全面的进攻，因为那将势必导致德军大量人员伤亡。

9月16日，德军在华沙散发传单，要求波军投降，并派第三集团军司令部的一名代表接受波军的投降，但波兰人断然拒绝了这一要求，因此，德军开始对华沙实施轰炸。

苏德政府联合
瓜分波兰

在德国空军集中兵力摧毁华沙市内供水系统和发电站的同时，第三、第十集团军也连续对该市进行了炮轰。

德军企图利用侦察部队找出波军防御的弱点，然后进行进攻。而波兰军队在前罗兹集团军指挥官罗梅尔将军的指挥下，坚持英勇反击，致使德军几乎无法前进一步。

华沙城里的波军弹药充足，市内被毁坏的地方成了很好的炮兵防御阵地。在这里，防御部队不仅包括常规军队的士兵，而且也有一支士气高昂的国民自卫队。

1939年9月22日，希特勒来到第三集团军的司令部，视察了部署在华沙东部郊区普拉加的炮兵部队。尽管希特勒因德军迟迟不能摧毁华沙而大为恼火，但他同时又反对从维斯拉河东岸进攻华沙，担心此举会激怒苏联军队。

希特勒之所以做这样

被迫行举手礼的民众

血染尘埃

的决定，除了因为有可能带来德军的重大人员伤亡之外，还因为根据《苏德互不侵犯条约》的条款：这一地区应该属于苏联的管辖范围。

《苏德互不侵犯条约》，是1939年8月23日苏联与纳粹德国在莫斯科签订的一份秘密协议。主要内容有：

1.缔约双方保证不单独或联合其他国家彼此互相使用武力、侵犯或攻击行为。

2.缔约一方如与第三国交战，另一缔约国不得给予第三国任何支持。

3.缔约双方决不参加任何直接、间接反对另一缔约国的任何国家集团。

4.双方以和平方式解决缔约国间的一切争端。

5.条约有效期为10年。

▼ 德军驱赶百姓（模拟场景）

除《苏德互不侵犯条约》外，苏德双方还签订了一份秘密附加协议书，其中规定：

1.属于波罗的海国家（芬兰、爱沙尼亚、拉脱维亚、立陶宛）的地区如发生领土和政治变动时，立陶宛的北部疆界将成为德国和苏联势力范围的界限。在这方面，双方承认立陶宛在维尔诺地区的利益。

2.如波兰发生领土和政治变动，苏德双方将大致以纳雷夫河、维斯杜拉河和桑河为势力分界。维持波兰独立是否符合双方利益，以及如何划界，只能在进一步的政治发展过程中才能确定。

3.在东南欧方面，苏联关心在罗马尼亚的比萨拉比亚的利益，德国宣布在该地区政治上完全没有利害关系。

4.双方将视本协议书为绝密文件。

鉴于这些原因，德军批准了一项进攻华沙西部地区的决定。

这一决定将把大量的华沙市民赶到波兰东部，从而使其成为苏联武装部队不得不面对的一个包袱。

进攻华沙的任务落到了刚消灭完库特诺口袋地区波军的德军第八集团军肩上。为部署这一进攻，德军首先要保证任何人都无法突出重围，这样波军对食品的需求就会增加，而时间一长，食物供给显然会变得紧缺。

同时，德国空军继续轰炸华沙的自来水过滤站和抽水站，毁坏市内的正常供水系统。

这样一来，华沙的居民们就不得不直接饮用维斯杜拉河中的水。他们可能很快就会染上伤寒或肠胃病。德军还切断了华沙大部分发电站的电源，并烧毁了该市的面粉加工厂。对华沙的居民和守军来说，饥饿马上就要降临到他们头上。

在德国第三集团军从北面轰炸华沙的同时，9月26日上午，第八集团军也开始对华沙发起了进攻。德国步兵冲破外围防线，开始取得进展。

经过一天的激烈攻势之后，波兰军队要求停火休战，但这一要求遭到了德军的拒绝，因为他们要求驻守华沙的波军无条件投降。对罗梅尔将军和他

的参谋们来说，败局已不可扭转，为了保护平民不受到更大的生命威胁，他们被迫接受了德军的条件。

1939年9月27日14时，驻守在华沙的14万名波军放下武器，举手投降。

华沙败降后，驻守在华沙北部的莫德林军团仍在顽强抵抗。德国将进攻华沙时用的大炮重新布置来对付莫德林防卫部队。

9月27日，德军发动了一场渗透到波兰外部防线的全面进攻。由于莫德林驻军严重缺水，食品储备也越来越少，因此驻军指挥官于9月28日要求休战。

此后，除了少数几支分散的小规模部队仍在波兰的密林丛中进行游击战以外，唯一坚持抵抗的地方就是波罗的海沿岸了，在这里还驻扎着几支拥有防御基地的波兰军队。

尽管有关南方波军被摧毁的坏消息频频传来，但波罗的海沿岸的波兰军队仍然极为顽强地战斗着。

虽然军队指挥官戴贝克上校成功地把大部分驻军撤离到在奥克斯伏特的新据点，但9月14日，德军还是夺取了波罗的海的主要港口格丁尼亚。

9月16日和17日，德国空军发动了猛烈进攻，紧接着9月18日至19日，德军又发起主攻。经过这场打击，波军被彻底击垮了。在此次战斗中，戴贝克上校自杀殉国。

在9月29日德军发起最后一次地面进攻之前，守卫在海勒半岛的一小块延伸到但泽湾陆地的波兰驻军就遭受了来自德国陆、海、空三军的打击和轰炸。但直到10月1日，驻守在那里的海军少将安鲁格才接受了德军的投降要求，波军被迫沿半岛撤退。

海勒守军投降后，除了10月份的第一个星期内还有几场小的战斗外，德国对波兰的战争已经全面结束了。

经过36天的激烈战斗，波兰军队已被完全摧毁而不复存在了。18世纪末期，波兰曾被普鲁士、奥地利和俄国3次瓜分；1939年，波兰又经历了第四次被瓜分。

为了最后敲定瓜分的细节问题，里宾特洛甫亲自飞往莫斯科，于9月28日

与苏联签订了《苏德边界友好条约》。

在这一条约中，德国同意将立陶宛划到苏联的势力范围之内，同时作为补偿，德国将其控制的波兰领土继续向东延伸到布格河一线。

尽管德国想获取波兰的产油区，但斯大林拒绝交出包括利沃夫和德赫贝卡、博尔斯劳产油区在内的桑河以东领土。

总的来说，苏、德双方对这一新条约还是相当满意的，但斯大林丝毫没有放慢要对波罗的海沿岸国家行使"权力"的步伐。这些国家面临着接受苏联控制的巨大压力。

在以后的6年里，波兰人民遭受了极大的痛苦。德国和苏联都蓄意着手清除波兰社会中有影响的政治家和社会活动家。党卫军紧随入侵德军步伐，行刑分队开始对那些声称"不受欢迎的人"实行处决。

如果说对波兰的战争给德国军队带来的是胜利的欢笑，那么这场战争对波兰人来说，则意味着人间地狱的开始。

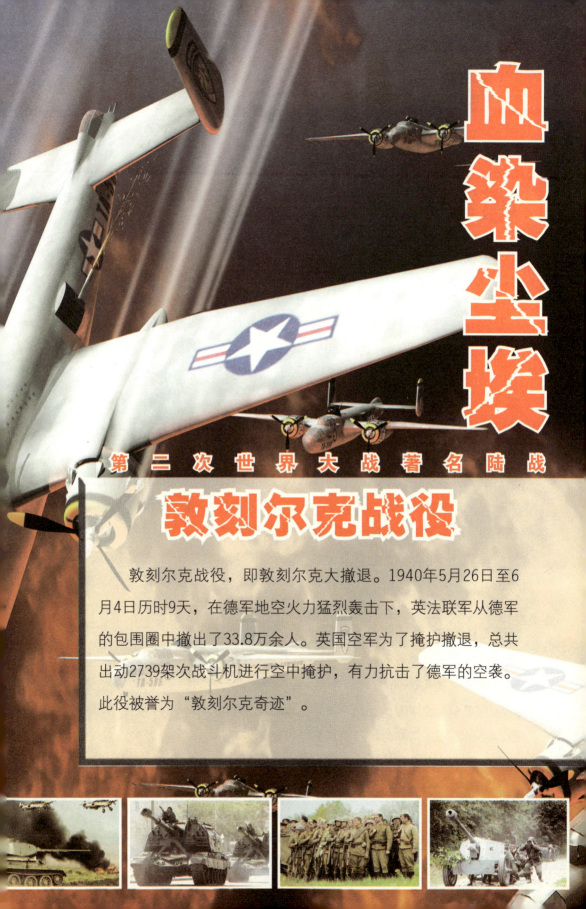

血染尘埃

第二次世界大战著名陆战

敦刻尔克战役

　　敦刻尔克战役，即敦刻尔克大撤退。1940年5月26日至6月4日历时9天，在德军地空火力猛烈轰击下，英法联军从德军的包围圈中撤出了33.8万余人。英国空军为了掩护撤退，总共出动2739架次战斗机进行空中掩护，有力抗击了德军的空袭。此役被誉为"敦刻尔克奇迹"。

德军突破联军防线
轻取色当

1940年5月10日凌晨5时35分，一支在数量、集中程度、机动性和打击力量等方面都是空前的坦克部队，由德国边境通过阿登森林出发，其队伍之长，即使分了三路纵队还延展到莱茵河后面100英里之外。现在它突破了法国第九军团和第二军团的防线，迅速地向在比利时的盟军背后的英吉利海峡推进。

这是一股令人胆寒的巨大力量。一批又一批的俯冲轰炸机首先打击了法军的防御阵地，大批的战斗工兵布置橡皮船下水，架搭浮桥，准备渡河，接着就是配备有自动火炮的装甲师，每个装甲师都有1个摩托化步兵旅；装甲师的局面紧跟着摩托化步兵师，占领坦克开辟出来的阵地。

这个钢与火的密集队伍，不是惊慌失措的守军手中任何武器所能阻挡得住的。

为了最大限度地达成进攻的突然性，德军在卢、法、比交界的阿登山区当面集结了3个装甲军和1个摩托军。

前方是古德里安率领的第十九装甲军，其任务是在进攻的当天中午，穿过卢森堡前出至比利时边境，直扑法国的色当。

在第十九装甲军的北面，是莱因哈特率领的第四十一装甲军，因古德里安的装甲军占去了阿登山区的几条主要通道，所以该军的出发时间迟一些，但也很快穿过这一地区，直扑色当以西的梅济耶尔地区。

在第四十一装甲军的北面，是施密特率领的第三十九装甲军，该军以隆美尔将军的第七装甲师为先导、以第五装甲师殿后，待突破比利时边防线后

向迪南地区推进。继3个装甲军之后跟进的是3个摩托化师。德军日夜兼程，不间断地进攻，力求出奇制胜。

在接到比利时、荷兰政府求援的情况下，英法联军按"D"计划迅速展开，第一集团军群主力火速开赴荷兰的布雷达地区和比利时。

与此同时，法军第二集团军坚守色当至隆居永之间的防御阵地，第九、第二集团军的5个轻骑师迅速渡过马斯河，阻击通过阿登山区向马斯河进攻的德军，由于判断失误和部署失当，战争一开始，联军就陷入了十分不利的地位。

5月11日傍晚，德军的装甲部队已全线突破了英、法、比军队的防线。在北线，隆美尔指挥的第七装甲师在比利时马尔什地区击溃法国第四骑兵师的装甲旅，于当天下午即前出至马斯河。

在南线，古德里安指挥的第十九装甲军全速前进，傍晚时分，中路的第一装甲师前出至色当以北16千米的瑟穆瓦河一线；左翼的第十装甲师前出至罗西尼奥勒以南的瑟穆瓦河一线；右翼的第二装甲师虽然在比利时的利布拉蒙地区受到法国骑兵部队的阻挡和因道路狭窄耽误一些时间，但在天黑前仍赶到了瑟穆瓦河以西地区。

5月12日下午，在

古德里安

从迪南到色当的130千米战线上，德军装甲部队均前出至马斯河沿线，比预定的时间提前了24小时。德军在狭窄的山上，3天之内推进近300千米，是法国最高统帅部始料不及的。

德军装甲部队的突然出现，使得法军在色当至那慕尔之间的马斯河防线，特别是法国第二集团军防守的色当地区，面临严重威胁。

5月13日下午4时，德军克莱斯特将军主张强渡马斯河，他给古德里安的命令说：

西线战役的决定性攻击由克莱斯特将军的装甲集群执行，它的任务是在蒙特梅和色当之间的马斯河段进行强渡，大部分德国空军将进行8小时的不间断空袭，以摧毁法国在马斯河上的防御

◆ 坦克部队

设施，然后，在下午4时，克莱斯特装甲集群将渡过马斯河并建立桥头阵地。

据此，古德里安的装甲部队准备在色当附近强渡马斯河。之所以选定这里，是因为它离阿登山区出口最近，防御最薄弱，马斯河在此朝圣芒热陡然北折，然后又南转，形成一个袋形突出部，河的北岸树丛密布，便于隐蔽进攻的准备和观察敌情。

13日中午，古德里安的装甲部队为了争取时间，不等摩托化部队到达就准备强渡马斯河。克莱斯特为此调集了12个轰炸机中队共1000余架飞机，支援强渡行动。在德国空军的狂轰滥炸下，法军的指挥所、机枪掩体、火炮阵地和交通枢纽均不同程度地被摧毁，地面的抵抗受到压制。

13日下午4时，在强大空军和地面炮火的支援下，古德里安组织的渡河突击群乘橡皮舟和摩托艇先行强渡。傍晚，他们抢占了滩头阵地，建立了登陆场，架设了一座舟桥。随后，装甲部队源源不断地开过马斯河。

5月14日晨，古德里安的第十九装甲军的两个坦克师，通过才在缪斯河上仓促地搭起来的浮桥，向西挺进。

法国军队和英国的轰炸机虽然拼命企图炸毁这座桥梁，但是，皇家空军71架轰炸机在一次攻击中就被打落了40架，大部分都是被高射炮火击落的；法国坦克则被击毁了70辆，结果并没有炸毁这座桥梁。

到了傍晚时分，德军在色当的桥头堡已经建立，防守在盟军关系重大的中央防线上的法军已被击溃了，没有被围和被俘的队伍在仓皇后撤。北部的英法联军和比利时的22个师，都已陷于被截断后路的极端危险的境地。

德军装甲部队穿越阿登山区已对法国构成重大威胁，"色当突破"更是将法军置入了危险的境地，巴黎随时可能沦陷，在比利时作战的英法联军将随时面临被包围的严重威胁。

为此，英法联军决心向德军实施反攻，封闭马斯河防线的缺口。

5月14日，联军出动近200架飞机，企图炸毁德军在马斯河上铺设的浮

桥，但收效不大，一次次轰炸行动被德军密集的高射炮火击退，联军85架飞机被击落。

空军没能封闭住马斯河上缺口，防守这一地区的法军第五十五师一片混乱。

5月15日下午，古德里安完成色当突破后，马上决定执行后续任务，即向英吉利海峡推进，古德里安孤军冒进，暴露翼侧，这对于执行反突击任务的法国第二十四军第三装甲师和第三摩托化师来说，是一个绝好的时机。如果法军能及时捕捉这一战机，从翼侧实施迅速而大胆的穿插，分割包围冒进之德军，可能改变整个战争的进程。

然而，法军指挥官没有充分利用这一稍纵即逝的良机，在德军装甲部队挥师西进半小时后，第二十一军军长弗拉维尼报请集团军司令亨齐格将军同意，下令取消反突击，而把第三装甲师分散部署在一条19千米长的战线上，企图封锁德军装甲部队向西推进的每一条道路。这样就分散了兵力，被德军各个击破。

法军临阵换将
贻误战机

1940年5月15日，古德里安率领的德军装甲部队在突破色当、强渡马斯河后，挥师西进。

当晚8时，古德里安的部队推进到色当以西约70千米的蒙科尔内，在法军第二集团军与第九集团军结合部，即从莫伯日到波尔西安堡之间，撕开了一条宽达70千米的突破口。

这时，古德里安的冒进同装甲集群司令克莱斯特的谨小慎微发生了激烈的冲突。

克莱斯特认为：装甲部队过河后不能急于向法国纵深推进，要巩固桥头阵地，站稳脚跟，等后面的摩托化师跟上后再考虑推进，否则装甲部队和步兵前后脱节，刚刚到手的胜利会轻易丧失。何况古德里安的装甲军孤军冒进，缺少翼侧掩护，有被法军围歼之虞。

因此，克莱斯特下令严禁超越桥头阵地。

而古德里安则说："这道命令，我既不愿接受，也不能甘心接受，因为这无疑是放弃奇袭，丧失一切初步战绩。"

克莱斯特最后同意"准许再继续进军24小时，以扩大桥头堡"，同时叮嘱不要冲得"太猛"。但古德里安却丝毫不理会这道命令。他指挥3个装甲师开足马力，到16日晚，向英吉利海峡方向推进了80多千米，到达马尔勒附近，其中第一装甲师已推进到瓦兹河沿岸的里布蒙。

克莱斯特命令古德里安放缓行军速度，暂停两天，以便让步兵赶上，沿埃纳河构筑一条翼侧屏障。

17日上午7时，克莱斯特来到古德里安设在蒙科尔内附近的指挥所，训斥这位装甲军军长不服从命令，并扬言要解除他的职务。

古德里安发现其上司克莱斯特不赞成自己的推进计划，经常让他放慢前进速度，于是越级反映，请求A集团军群司令龙德施泰特将军批准他继续向西推进。古德里安的请求获得批准，但条件是，必须进行战斗侦察。

这一天，希特勒的神经也极度紧张。早上，带着他的装甲军到英吉利海峡去已经走了三分之一路程的古德里安，奉令停止前进。因为空军发来情报说，法国人即将大举反攻，企图截断从色当楔入向西前进的力量薄弱的德国装甲部队。

希特勒急忙同他的陆军总司令布劳希奇和总参谋长哈尔德会商。他肯定地认为南面会出现法军的严重威胁。突破缪斯河的主力、A集团军司令龙德施泰特，在那天晚些时候会见他时支持他的这种看法。

龙德施泰特说，他估计"强大的法军会从凡尔登和马恩河畔夏龙地区发动一次出人意料的有力反攻"。

希特勒忽然担心起来，生怕出现第二次马恩河事件。"我正在注意这件事，"第二天他写信给墨索里尼说，"1914年马恩的奇迹决不能重演！"

当晚，哈尔德在日记里写道："一个非常不愉快的日子，元首神经紧张透了。他担心自己能否取得成功，不愿冒什么险，坚决抑制我们。他为自己辩解说，这都是由于他担心左翼……他带来的只是惶恐和怀疑。"

尽管第二天法军崩溃的消息不断传来，这个纳粹统帅的神经紧张情况也没有多少好转。哈尔德在5月18日的日记中记录了这种情况：

元首对于南翼有一种莫名其妙的焦虑，他大发雷霆，叫喊着说，我们会使整个行动毁掉，我们有遭到失败的危险。他不愿继续西进，更不必说西南方面，只是坚持向西北推进。这就是以元首为一方同布劳希奇和我为另一方之间所发生的最不愉快的争论的问题。

最高统帅部的约德尔将军差不多总是认为元首是对的，他也记录了最高领导间的分歧：

> 极度紧张的一日，陆军总司令（布劳希奇）没有执行尽快在南方建立一个新的侧翼阵地的意图……把布劳希奇和哈尔德立刻召来，严命他们立即采取必要的措施。

德军高级指挥部的不安或担心并不是多余的。因为古德里安的推进并不是一路顺畅的，他除了遇到前几天法军的反突击外，5月17日又碰上戴高乐上校指挥的第四装甲师的阻击。

戴高乐虽然没有从翼侧切断德军的联系，却让德军统帅部受到了震动。但是，古德里安并没有因为法军在翼侧的局部抵抗和上级指挥部的禁令而放慢进攻速度，他充分利用"战斗侦察"这一具有弹性的命令，继续以每昼夜20～40千米的速度日夜兼程地向西推进。

5月18日，古德里安和莱因哈特的2个装甲军渡过瓦兹河，分别占领圣康坦和勒卡托，然后兵分两路，一路向西，一路经康布雷、阿拉斯向北推进。5月19日早晨进抵离英吉利海峡。

使德军总部惊讶的是，第二装甲师已于5月20日晚上到达索姆河口的阿布维尔了。比利时军队、英国远征军和法国的三个军团已经陷入了重围。

约德尔那天晚上在日记上写道：

> 元首高兴得忘乎所以。他对德军和他的领导倍加赞扬。他已在准备和约，主要内容为：归还最近400年来从德国人民手中夺去的领土和其他有价值的东西……

盟军从这个后果不堪设想的包围圈逃出来的唯一希望，在于在比利时的军队立即转向西南，摆脱正在向自己进攻的德国第六军团，突破伸入法国北

部到达海边的德国楔形装甲部队，杀出一条血路，从而与从索姆河向北推进的法国生力军会合。这实际上正是甘末林将军在5月19日晨下达的命令。

德军装甲部队的高速度推进和大纵深穿插，令法国最高统帅部防不胜防。法国最高统帅部在做出判断和制订作战计划时，往往跟不上战局的发展变化。

此外，法国部队中失败主义情绪弥漫，下级欺骗上级，军事指挥官瞒着政府官员甚至总理，结果造成被动挨打的局面。为改变这种混乱局面，雷诺总理决定改组内阁和更换法军总司令甘末林将军。

这样，魏刚将军就接任法军总参谋长和陆、海、空三军总司令。然而，魏刚将军刚从叙利亚被召回国，对国内战局并不了解，需要重新了解情况，作出判断，然后才能定下决心。所以，他取消了5月19日早晨甘末林

将军草签的最后一道命令，即"第十三号秘密手令"。

　　魏刚在第一次世界大战时，曾在军事上获得很高的声誉。他希望在同比利时的盟军指挥官进行会商之后再决定采取行动。结果，等到魏刚决定采取与他的前任完全相同的计划时，3天的时间已经错过了。这样延误军机付出了巨大的代价。

　　古德里安装甲军和莱因哈特装甲军的先头部队，推进速度很快，与后面装甲部队的距离差不多有160千米。而且，德军的步兵也没有及时跟上来，德军装甲部队的侧后完全暴露出来，形势非常有利于英法联军实施"南北夹击"。

　　时机就在一天，甚至几小时之内。然而，魏

德军的装甲部队挥师进军（模拟场景）

刚此刻不在他的指挥所里。当晚，他才在前线第一次看到指挥作战的法国陆军参谋长杜芒克将军和东北战线陆军司令乔治将军。他们一起讨论挽救北线联军的措施和尔后的作战计划，制订了一个与甘末林的"第十三号秘密手令"内容相同的"魏刚计划"。但魏刚对这项计划还有些犹豫不决，没有取胜的坚定信心，对扭转战局颇感无能为力。

此时法国、英国和比利时还有第四十师有作战经验的部队在北部，如果他们遵照甘末林的命令，于5月19日向南突进，冲过兵力薄弱的德国装甲部队的防线突围，可能已经成功了。

但是，魏刚将军的计划只存在于他自己的心中，实际上法国部队并没有从索姆河北上。

5月21日晨，魏刚乘飞机去比利时，由于中途逗留和安全方面的考虑，直到下午3时才抵达伊普尔。鉴于英法联军在贝隆—阿布维尔—康布雷三角地带的兵力仍占优势，魏刚决定乘德军西进的装甲纵队翼侧暴露之机，以己之长，击敌之短，北线联军向南实施突围，以便同索姆河一带的法军汇合。

5月22日，英法盟国首脑在万森召开盟国最高军事会议，批准了魏刚计划，但为时已晚，整个局势对联军非常不利。更为严重的是，比军不愿按魏刚计划的要求从埃斯科特撤到伊塞河，以保护联军向南反击。利奥波德国王担心，英军向南反击后会丢下比军。所以他只准备将比军撤至利斯运河支流，而不再向伊塞河撤退。

这样，就在英比军接合部留出一段空间，无人设防，而德军正好在这里浩浩荡荡地冲了过去，北线英法联军的处境非常危险。

尽管如此，5月21日，联军在阿拉斯附近，还是组织了一次有限的反击。2个英军师和1个装甲旅曾迫使德军向南收缩了几千米。

当法军的2个师晚些时候向此地反击时，英军的部队却停止了反击。戈特将军认为："既然他的右翼已被敌人包围，左翼又受到威胁，唯一合理的决定应是朝着海岸撤退。"

当天，古德里安挥师北上，攻占蒙特勒伊。

在阿布维尔西北部，德军第二装甲师的1个营首先推进到海峡沿岸，从而彻底切断了北方的英、法、比联军同南边法军的联系。

此后，德军备装甲部队继续北进，23日先后攻占了沿海重镇布洛涅和加莱，24日，古德里安和莱因哈特所属各装甲师进抵格拉沃利油和圣奥梅尔之毗阿河一线，和其他友邻部队一起将联军围困在敦刻尔克地区。

英军每天所需的2000吨弹药及补给品全得经加莱和敦刻尔克等港口运来，但这些港口正在严重地遭受德军空袭，面临被全面包围的危险。在这种形势下，戈特将军迫于时间和补给问题的考虑，不顾盟国最高军事会议最后通过的魏刚计划，决定于22日晚把英国远征军撤出阿拉斯地区。

此时，法军已没有足够的力量单独发起反击。魏刚计划在执行过程中，由于比军缺乏配合，英军没有信心，加之法军行动迟缓，最后毫无成效地破产了。

德军元首下令
停止前进

由于魏刚计划没有实现，位于比利时境内的英法联军危在旦夕。至5月24日晨，在英法联军的北面，德军B集团军群即将突破比军防御阵地；在其南面，德军克莱斯特装甲集群已攻克布洛涅并包围加莱，进抵格拉沃利至圣奥梅尔的艾尔运河一线，距离敦刻尔克只有30千米。

其间运河、沟渠和洪水泛滥区纵横交错，地形不利于装甲部队行动。但古德里安和莱因哈特的2个装甲军在阿河彼岸建立了5个登陆场，准备和从东北方向包抄过来的B集团军群一起三面夹击，最后彻底围歼退至敦刻尔克的英国远征军9个师、法国第1集团军的10个师和比利时军队。

此时，希特勒在沙勒维尔指挥部紧急研究当前的军事形势和下一步的作战行动。参加这次会议的有国防军统帅部参谋长凯特尔大将、国防军指挥参谋部参谋长约德尔上将、陆军总司令布劳希奇大将、A集团军群司令龙德施泰特大将和总参谋部的其他官员。

会上，布劳希奇建议让装甲部队在维米、圣奥梅尔、格拉沃利地区发动进攻，向敦刻尔克这个袋形阵地加压，最大限度地孤立撤向海边的联军第一集团军群，彻底完成对联军的包围。

敦刻尔克是法国东北部靠近比利时边境的港口城市，是法国排在勒阿弗尔和马赛之后的第三大港口。这里拥有7个供大型船只停泊的深水泊位，4个干船坞以及长8千米的码头，港口航道经过疏浚，大型船只能够自由进出，完善的防波堤和凸式码头可以有效抵御英吉利海峡的狂风大浪。

凯特尔宣称："这是历史上最大的围歼战，它要完全消灭仍在佛兰德地

区作战的英、法、比军。"

然而，希特勒反对这项计划，他认为，英、法、比联军背向大海，三面受敌，无论如何是跑不掉的，他们不会不缴械投降。这个时候再投入大量的装甲部队去打被围之联军，就会耽误时间，影响在索姆河至马奇诺防线一线继续作战的准备工作。

因此，他命令装甲部队停止向西北方向推进，并在圣康坦地区集结，以便于5月31日发起第二阶段作战，而佛兰德地区的作战任务留给步兵和空军去完成。

在德军即将包围近在咫尺的联军、并取得这次战役的最大胜利时，希特勒却下了"停止前进"的命令，给了20多万英军和10多万法军死里逃生的机会。

德国在眼看就要取得这次战役中最大胜利的时候，怎么会发出这道难以解释的命令呢？下这个命令的原因是什么？谁应该负这个责任？这些问题在有关的德国将领和历史学家中，曾有过一场大辩论。

以龙德施泰特和哈尔德为首的将领把责任完全推在希特勒身上。

丘吉尔在《大战回忆录》（第二卷）中，为这场争论火上加油，他认为这个命令出自龙德施泰特，而不是希特勒，他引述了龙德施泰特的战争日志作为论证。在一大堆互相矛盾、众说纷纭的证词之中，要弄清楚事实真相是很难的。

德军前参谋总长哈尔德将军在战后有一封信和相关证据，是有相当说服力的。哈尔德将军认为，说到这道著名的命令的责任问题，不管龙德施泰特后来怎样辩解，他必须与希特勒分担责任。希特勒在5月24日早晨，曾到龙德施泰特将军设在查理维尔的A集团军总司令部去过，龙德施泰特建议在离敦刻尔克不远的运河一线上的装甲师应当停止前进，等候更多的步兵部队的接应。

希特勒同意了这个建议，并且认为装甲部队应当保存下来，留待进攻索姆河以南的法国军队时使用。他还说，如果盟军陷入的袋形地带缩得太小，

就会妨碍空军的活动。

停止前进的命令可能是龙德施泰特得到希特勒的批准以后立即发出的。因为据丘吉尔说，英国远征军曾截获到德国那天早晨11点42分下达那个命令的无线电报。希特勒和龙德施泰特当时正在开会。

总之，那天晚上希特勒从最高统帅部发出了正式的命令，这在约德尔和哈尔德两人的日记上都有记载。德军参谋总长约德尔对此极感不快。他在日记里写道：

> 我们的由装甲部队和摩托化部队组成的左翼力由于元首的直接命令，都将因此完全停止下来！消灭包围中的敌军，要交给空军去干！

这个表示轻蔑的惊叹号表明，戈林参与了希特勒的决定，他曾建议由他的空军单独来消灭被包围的联军！

哈尔德在1957年7月19日的信中举出了戈林所以做出这个野心勃勃、不自量力建议的理由：

> 在以后的几天中（即5月24日以后），终于弄明白希特勒的决定，主要是受戈林的影响。陆军的迅速行动，对于这个独裁者说来，几乎变成了不祥的事情，因为他缺乏军事训练，毫不了解这一行动究竟有多少危险性和它的成功的可能性。他常常有一种忧虑的情绪，觉得会出现不利的情况……
>
> 戈林很了解他的元首，因此就利用了这种忧虑情绪。他建议单独用他的空军来收拾这一个大包围战的残局，这样就可以毋须冒必须使用宝贵的装甲部队的风险。他提出这个建议……有一个理由。这个理由说明了野心勃勃、不择手段的戈林的特性。在陆军一帆风顺的作战以后，他要为他自己的空军在这次大战役中取

得最后决战的机会，从而在整个世界面前获得成功的荣誉。

哈尔德将军的信中还谈到了布劳希奇1946年1月在纽伦堡监狱中同空军将领米尔契和凯塞林谈话以后，所做的一个说明。据说这些空军军官宣称：

戈林当时对希特勒强调说：如果当时快要到手的战斗中的伟大胜利的功劳完全被陆军将领得去的话，那么元首在德国国内的威望就会遭到无法弥补的损失。只有个方法可以防止这一情况，那就是由空军而不是由陆军来完成决战。

事实至此已很清楚：希特勒在戈林和龙德施泰特的怂恿下，虽遭到布劳希奇和哈尔德竭力反对，但还是让空军和博克的B集团军去扫荡陷入重围的联军。

B集团军谈不上有什么装甲部队，他们这时正在慢慢地把比利时军队和英国军队驱到海峡西南地区。

而拥有7个坦克师在敦刻尔克西面和南面的运河线上停止前进的龙德施泰特的A集团军却要在原地不动围住联军。结果是，不论空军或博克的集团军都没有

希特勒

达到他们的目标。

5月26日早晨，哈尔德在日记中愤怒地说："从最高统帅部发来的这些命令真是莫名其妙……坦克都像瘫痪似地停在那里不动。"

现在我们知道希特勒所以发出这个命运攸关的命令，也是有其政治原因的。5月25日，据哈尔德说，这一天一开始，"布劳希奇和元首之间在包围战中下一步行动的问题上就发生了一次令人痛心的争吵"，他在这一天日记中写道：

现在政治当局已经形成了一种固定的观念，认为决战要在法国北部而不应在佛兰德斯一带进行。

哈尔德在日记中说："在当时我们的谈话中，希特勒用两个主要考虑来支持他的停止前进的命令。第一个考虑是军事上的理由：地形不适于坦克的活动，由此而造成很大的损失，将会削弱即将对法国其他地方进行的进攻，等等。第二个理由，他知道，我们作为军人是不能反驳这个理由的，因为这是政治上的，而不是军事上的理由。

"这第二个理由是，为了政治的理由，他不希望这个不可避免地会造成居民重大损失的最后决战，发生在佛兰德斯人居住的地方。他说，他想把这个日耳曼后代佛兰德斯人居住的地方变成一个独立的国家社会主义的区域，从而使他们和德国紧紧地结合在一起。他在佛兰德斯地区的支持者，为此已经作了长期的活动。他已经答应他们，使他们的国土不致遭到战争的破坏。如果他现在不实践诺言，那就会严重损害他们对他的信任。这对于德国将是一件政治上的损失，这是他作为政治上负责的领袖所必须尽力避免的。"哈尔德写道，他和布劳希奇没有被这种理由说服。

然而，希特勒对另一些将领透露的另一个政治上的考虑，却是比较合理而且重要的。

龙德施泰特的作战处长古恩特·勃鲁门特里特将军在战后对英国军事作

148

家利德尔·哈特追述希特勒5月24日和龙德施泰特的会晤时说：

> 希特勒当时的心情很好……并且告诉我们，他认为战争在六个星期之后就可以结束。他希望战事结束后，能和法国缔结一个合理的和约，这样和英国达成协议的道路就打开了……
>
> 后来，使我们觉得惊异的是，他竟用钦佩的口吻谈到大英帝国，谈到它的存在的必要，谈到英国给世界带来的文明……他说，他所要求于英国的，不过是它应当承认德国在大陆的地位。德国如果能够重新获得它的殖民地，那当然最好，但也并不是非如此不可……他最后说，他的目的是能和英国在一个英国认为可以接受而并不有损自己的尊严的基础上媾和。

希特勒在以后的几个星期中常常向他的将领们、向墨索里尼和齐亚诺表示这种想法，并且最后公开地做了表示。

齐亚诺在一个月以后发现，这个纳粹独裁者当时正处在成功的顶点，竟反反复复地提到保持大英帝国作为"世界均势的一个因素"的重要意义，他不禁感到惊异。

7月13日，哈尔德在日记中谈到元首对于英国没有接受和平感到非常迷惑不解。那一天，希特勒对他的将领说，用武力迫使英国投降，"对德国没有什么好处……只对日本、美国和别的国家有好处"。

因此，希特勒把他的装甲部队遏止在敦刻尔克的前面，目的可能是想使英国避免一场奇耻大辱，从而促进和平解决。而这个和平解决，照他的说法，必须是这样的：英国让德国放心地重新掉头东向，这一次是进攻俄国。他还说，伦敦必须承认第三帝国独霸大陆的地位。在以后两个月之中，希特勒深信，这种和平已在他的股掌之中了。他现在和过去几年一样不了解英国民族的特性，不了解它的领袖和它的人民要不惜牺牲作战到底加以保卫的是哪种世界。

149

希特勒和戈林

　　过去和现在对于海洋都缺乏了解的希特勒和他的将领们，做梦也想不到熟悉海洋的英国人竟能够从一个设备已荡然无存的小小港口和暴露在他们鼻尖下面的沙滩上撤退了30多万人。

　　5月26日晚上19时差3分，在希特勒发布停止前进的命令以后不久，英国海军部发出通知，开始执行"发电机计划"，这是敦刻尔克撤退计划的代号。

　　德军装甲部队停止进攻两天，给英法联军带来了绝处逢生的转机。然而联军能否及时地利用这个转机，特别是在魏刚计划已无胜利的希望和德军逐步缩小包围圈的情况下，能否摆脱困境，这还要看戈特将军如何利用时间了。

　　5月25日，戈特既没有请示法军司令部，也没有等待英国方面批准，不顾

被围困的法比两军的命运，擅自决定把在阿拉斯受到威胁的英军各师撤向敦刻尔克。英军的撤退，打乱了联军的整个作战部署。位于索姆河南岸的法军再向北实施反突击也没有多大意义了，北线的法比军队只能根据变化了的情况独立奋战。

5月26日，魏刚被迫命令部队朝敦刻尔克方向撤退，并重新部署，以掩护这个滩头阵地。应当指出的是，英法联军向敦刻尔克撤退的指导思想是不同的，英军是主动撤退，而法军是被拖着走的；英军的撤退，是准备从海上逃往英国，而法军的撤退，是想在这里继续战斗，最后创造"马恩河奇迹"。

英军从自己的切身利益出发，坚持把远征军撤向敦刻尔克，很快得到英国政府的批准。

5月26日，德国最高统帅部开始对戈林的轰炸效果和B集团军群的推进速度产生怀疑，加之A集团军群中部分指挥官要求恢复装甲部队进攻的强烈愿望，希特勒于中午前后允许德军各装甲部队恢复进攻。

但是，前线部队到下午4时15分才接到取消"停止前进"的命令。最有利的时机已经错过，撤退下来的英法联军已做好防御部署，完成了从海上撤退的准备工作。

希特勒"停止前进"的命令是德国发动战争以来犯下的第一个后果严重的战略性错误，它给联军提供了死里逃生的机会，而正是这支逃脱的英法联军部队，4年后又从诺曼底登陆，成为最后打败希特勒的重要力量。

151

英法突出重围
有序撤退

把英国远征军撤回英国本土的打算，最早是由丘吉尔提出的。5月16日，他在访问巴黎时发现，法国最高统帅部到处弥漫着失败主义情绪。

17日，他开始考虑撤退的可能性，并召集张伯伦等人研究"如果有必要把英国远征军从法国撤退时将会发生的问题"。

19日，戈特将军正式向伦敦建议从法国撤出英军，他在报告中写道："我懂得这个方案甚至在理论上也是万不得已的解决办法，因为这个方案意味着英国远征军在法国人需要英国予以最大限度的支援时退出战区。"

戈特不仅在理论上研究了这个方案，而且开始付诸实践。17日，他就下令让一些后勤人员撤往英国，支援远征军的英国空军也调回英国。

根据英国首相丘吉尔的指示和远征军司令戈特将军的建议，英军马上着手采取更为具体的撤退措施。

5月19日，韦伯斯特将军在陆军部主持召开研究撤退远征军的会议。会议决定：必要时在加莱、布洛涅和敦刻尔克撤退。从20日开始，按一天2000人的速度回撤；从22日开始，撤离1.5万名后勤人员；最后是战斗部队大规模后撤。会议认为，这种撤退是可能的，海运部有充分时间来集合所需的船只。

为防万一，英军统帅部要求海军部尽可能早做撤退的安排，并指示在多佛基地任职的伯特伦·拉姆齐海军中将负责这一行动。

这位卓越的组织者于20日在多佛召开会议，研究战局，认为事态严重，战斗部队的大规模撤退应摆到议事日程的首位。

5月21日，形势更趋恶化，为了加强撤退的准备工作，上级部门拨给拉姆

齐30艘渡船、12艘蒸汽渔船和6艘海货船。

到了22日，情况剧变，加莱和布洛涅港受到德军装甲部队的围攻，只剩下敦刻尔克了。事态的恶化，使拉姆齐进一步认识到，必须立即采取果断的非常措施。

拉姆齐组织了一个精干的指挥班子，总共只有16人，来组织这场有史以来最复杂、最危险的海上撤退。拉姆齐负责全面指挥协调，韦克沃尔海军少将负责指挥在英吉利海峡的航行，威廉·坦南特海军上校负责指挥敦刻尔克港和海滩登船事宜，杰克·克劳斯汤海军中校则负责指挥最关键的东堤。其中坦南特上校是负责指挥撤退的海军最高军官。

在以后的几天里，拉姆齐及其参谋人员在一座被称为"发电机房"的指挥部里废寝忘食、夜以继日地工作，他们要求海运部把东、南海岸可用船只集中起来；向诺尔指挥部要求更多的驱逐舰；向南方铁路要求专用列车；向海运部要求拖船、医药品、弹药、给养、发动机备件、绳索、柴油、空白纸、船员、机械师等等。

拉姆齐先后筹集到693艘舰船，加上盟国的船只，共计860艘之多。从巡洋舰到小帆船和荷兰小船，各种类型、各种动力的大小船只编成舰队，准备驶往敦刻尔克。

5月26日晚，德军装甲部队恢复了从西面和南面向敦刻尔克的进攻，但进展缓慢。英法联军已加强了对这一狭长地带的防御。

同日晚18时57分，英国海军部下达了"发电机"行动的命令，英军的撤退行动开始。第一批出发的船只有129艘。

第一艘前往敦刻尔克的是英轮"莫纳岛"号，它于26日晚21时驶离多佛尔港，午夜抵达敦刻尔克的盖尔海岸。

撤退行动一开始，就不可能再有机密可言，加之形势紧急，英国海军部开始在沿海和泰晤士河沿岸征用船只，甚至通过广播呼吁所有拥有船只的人前往敦刻尔克，这些船主非常明白撤出远征军对于英国意味着什么，所以积极响应海军部的呼吁，驳船、拖船、货船、客轮、渔船、汽艇乃至私人游

艇，都纷纷出海，驶往敦刻尔克。

27日日出时分，第一艘船满载1420名英国士兵返航。当天，德国空军第三航空队和第二航空队大举出动，对敦刻尔克港区和海滩进行了猛烈轰炸，总共投下1.5万枚高爆炸弹和3万枚燃烧弹，敦刻尔克几乎被夷为平地，英国空军从本土起飞200架次战斗机竭尽全力掩护海滩上的登船点和执行运输任务的船只。

尽管英机没有能阻止德机对敦刻尔克的空袭，但却给德机以沉重打击，仅德军第二航空队就被击落23架，空勤人员死64人，伤7人，损失超过最近几天的总和！因此，这天被德军称为"灾难的一天"。英国也损失了11架飞机。

英国海军也全力以赴，抽调1艘巡洋舰、8艘驱逐舰和26艘其他舰艇前来，这是英国海军自开战以来第一次用军舰来运输人员，满载着官兵的军舰吃水很深，甚至还有几分倾斜，海军官兵凭借着高超的操舰技术，全速通过

◆ 第二次世界大战中的战机

海浪滔天、弹如雨下的英吉利海峡。

尽管英国海空军竭尽全力，但由于缺乏小型船舶，无法迅速将人员从海滩接到停泊在近海的大型船只，撤退速度很慢，全天只撤出了7669人。

当晚，德国海军潜艇、鱼雷艇和扫雷艇也从刚占领的荷兰和比利时的港口出动，企图借助夜色掩护攻击担负撤退的英国船只。

希特勒也取消了装甲部队停止前进的命令，令英法联军最为胆战心惊的装甲师再度投入战斗。

27日早晨，有5艘运输船因德军海岸炮火猛烈而无法靠近敦刻尔克，只得空船折返。这时，其他救援船只也程度不同地尝到了德军炮火轰炸的滋味，其中两艘小船在接近法国海岸线时，一艘被击沉，另一艘救起落水船员，穿过德军炮火向英国返航。

由于受沙洲和布雷区的影响，多佛到敦刻尔克的最短航线是"Z"航线，只有34海里，轮船需紧贴着敦刻尔克以西几海里海岸线航行，经6号浮标直达多佛，但是这条航线被德军炮火封锁。

拉姆齐将军及其参谋人员开始修改计划。经过慎重研究，有两条可供选择的航线。在"Z"航线东北处有一条"X"航线，全长48海里。它能避开德军炮火的袭击，但航程远，沙洲多，而且密布有水雷，不便航行。

另一条是东边的"Y"航线，全长76海里，较易航行，水雷较少，而且不会遭到德军的炮击。如果使用这条航线，航程将是原计划的两倍多，要想撤出同样多的人，就得需要两倍以上的船只。

鉴于这种情况和其他一些原因，5月27日这天，驶抵敦刻尔克的船只总共只撤运了7669人。按照这个速度，要把全部远征军撤回国内起码需要40天。

兵多船少，已成了撤退行动中亟待解决的问题，特别是容易靠岸的小船极为短缺，因为敦刻尔克的海滩是渐次倾斜的，即使是海水涨潮时，大船也难以靠岸，更何况大船转舵不灵，易造成拥挤堵塞。所以，小船大有用武之地。

为解决这一问题，英国海运部把泰晤士河两岸各种小船场的驳船、帆

船、摩托快艇和渔船都征集过来，组成小船预备队。

为了加强"Y"航线的掩护，击退德国空军的袭击，保证运输线的畅通，拉姆齐还向海军部发出紧急呼吁，取消驱逐舰的其他任务，去为敦刻尔克撤退行动护航。兵多船少的问题解决以后，撤退的工作效率大大提高。

5月28日，他们撤走了17804人，29日撤走了47310人，30日撤走了53823人，头4天总共撤走126606人，大大超过了海军部原来希望撤出4.5万人的数字。5月29日，法国第一集团军奉命正式撤退。在相当多的法国部队到达敦刻尔克海滩时，那里的情况混乱异常。

英军最初拒绝让法军登上英国的船只，因为近处没有法国船只，这就等于将法国人丢在那里。情况反映到雷诺总理那里后，他甚感不安。

5月31日，在巴黎召开的盟国最高军事会议上，雷诺坚决主张英法联军共同撤退，他说："22万名英国士兵中已经运走了15万人，而在20万名法国士兵中只运走了1.5万人。如果这种不均衡的比例不立刻加以纠正的话，那将对我们产生严重的政治后果。"

丘吉尔首相既懂得数字上的意味，又懂得政治上的意味，他同意共同撤退，并强调说："仍在敦刻尔克的3个英国师，将同法国人在一起，直到撤退完成。"

5月31日和6月1日是"发电机行动"成绩最显著的两天，尽管有德军连续不断的炮击和飞机的经常轰炸，英国船只白天不便靠近敦刻尔克附近海岸，但这两天仍撤出了13.2万人。但是船只的损失很大。

6月1日，天气转晴，德国空军全力出动。英国空军针锋相对，几乎派出了所有能够派出的飞机，从"喷火"式、"飓风"式单座战斗机、"无畏"式双座战斗机到"哈德逊"轰炸机、双翼"箭鱼"鱼雷机，甚至连侦察机都投入到敦刻尔克。但德军战斗机出色地阻截了英机，有效掩护轰炸机的攻击，德机虽被击落23架，但击沉了包括4艘满载官兵的驱逐舰在内的31艘船只，还重创11艘，其中有2艘满载2700名法国士兵的英国运输舰沉没，舰上人员只有2100人被小船救走。这是英军损失最惨重的一天！

丘吉尔遂打电报给雷诺，建议"于今夜（6月1日）停止撤退"。雷诺大为光火，认为英国人已救出了他们自己的大部分部队，现在正准备抛弃法国军队。戈特将军及其参谋人员已奉命于5月31日到6月1日午夜后撤回英国，留下亚历山大将军指挥的3个师组织防御。

魏刚坚决要求亚历山大的部队留下来与法军肩并肩地守卫环形防线，直至更多的法国部队撤离。在法国的坚决要求下，英国同意将"发电机行动"延长到6月4日。这时，德军将包围圈收得更紧了，德军的炮火已延伸到敦刻尔克附近海域，撤退只能改在天黑后进行。

6月2日和3日夜间，剩下的英国远征军和6万名法军冒着德军的炮火撤了出来。奉魏刚之命，布朗夏尔将军已于6月1日下午18时乘法国驱逐舰离开敦刻尔克，海军上将阿布里亚尔等人3日晚随最后一批撤退的法国士兵到了英国，亚历山大将军于3日早晨乘船回到英国。

6月4日早晨，阿布里亚尔和拉姆齐在多佛城堡见面，他们都同意撤退工作告一段落。当天上午11时，法国政府也批准该决定。下午14时23分，英国海军部正式宣布"发电机行动"结束。

此次撤退行动，除了没来得及撤出的法军第一集团军的4万人投降外，共有338226名英法士兵撤出了敦刻尔克，其中有21.5万名英国人，12.3万名法国人和比利时人，有5万人是由法国海军救出的。

撤退中被击沉的各种船只共243艘，其中英国的226艘，法国和比利时的17艘。英国远征军丢下1200门火炮、1250门高射炮和反坦克炮、6400支反坦克枪、1.1万挺机枪、7.5万辆摩托车和180架飞机。

历时10天的敦刻尔克撤退行动，对德国最高统帅部来说是一次沉重的打击。但对英国和法国来说，它"完全不是什么胜利，而仅仅是侥幸地避免了可能发生的灾难"。

丘吉尔在6月4日承认："我们必须非常慎重，不要把这次援救说成是胜利。战争不是靠撤退赢得的。"

当1940年6月4日，温斯顿·丘吉尔在下院起立发言的时候，这些惨淡的

事实，使他的心头十分沉重。当时，从敦刻尔克开回来的最后一批运输舰正在把人员卸下来。正如同他后来所写的那样，这时他已下定决心不仅向本国人民，而且也向全世界——尤其是美国——表明："我们决定继续战斗是有重要理由的。"

正是在这个时刻，他发表了他那著名的令人久久不能忘怀的演说：

欧洲大片大片的土地和许多古老著名的国家虽然已经陷入或可能陷入秘密警察和纳粹政体所有凶恶的统治工具的魔掌之中，但是我们决不气馁认输。我们将战斗到底，我们将在法国战斗，将在海洋上战斗，我们将以不断增长的信心和不断增长的力量在空中战斗。

不论代价多么大，我们都将保卫我们的岛屿，我们将在海上战斗，我们将在登陆地点战斗。我们在农田和街道上战斗，我们将在山中战斗。我们决不投降，即使这个岛屿，或者它的一大部分土地已被征服，或者挨冻受饿——我一点也不相信会发生这种情况——我们那个由英国舰队所武装和保卫的海外帝国，也将战斗下去，直到新世界在上帝认为适当的时机挺身而出，用它的全部力量把旧世界援救和解放出来为止。

英国的处境的确是严峻的，没有陆军保卫岛屿，空军力量在法国已受到很大的削弱。剩下的只有海军。

然而，不管怎么说，人们还是情愿称这次撤退为"敦刻尔克的奇迹"。毫无疑问，在德军的强大进攻面前，短短10天之内能从德军的炮火底下撤出33.8万余人的军队，这的确是一次出色的、成功的战役行动。这一行动的成功，很大程度上取决于英法联军英勇顽强的抗敌精神和援救人员的英雄气概，取决于英军的周密组织和国内人民的大力支持。

这次撤退的成功还得益于良好的气候条件。在此期间，连续10天无风无

雨，海面风平浪静，为撤退提供了极好的条件。

　　显然，希特勒的"停止前进"令也有利于联军的撤退。德军装甲部队在敦刻尔克附近停止前进，这是德军最高统帅部的重大战略失误，而这个失误却恰恰帮了联军的大忙，为联军提供了死里逃生的机会，使其保存了大量的有生力量。

　　但也必须看到，英军决定撤退远征军是在有可能达成反攻成功的关键时刻做出的，它势必给英法盟国的相互信赖关系蒙上一层阴影，对整个法国战局带来严重影响。

159

血染尘埃

第二次世界大战著名陆战

季赫温防御战役

　　1941年10月，希特勒为加速夺取列宁格勒，决定开始向季赫温进攻。为了粉碎德军的阴谋，苏军独立第四、第五十二集团军在列宁格勒方面军和拉多加湖区舰队配合下，于1941年10月16日发起攻击和反冲击，打破了德军与芬军会合，并用"北方"集团军群兵力实施进攻以便从北面迂回莫斯科的企图。

法西斯向季赫温
发起进攻

　　季赫温防御战役指苏联卫国战争中，独立第四、第五十二集团军在列宁格勒方面军和拉多加湖区舰队配合下，于1941年10月16日至11月18日进行的战役，是列宁格勒会战的一部分。

　　9月下半月以来，德军对列宁格勒的正面突击屡屡受挫，招致重大伤亡。在突击力锐减的情况下，德军难以实现在短期内紧缩列宁格勒包围圈，腾出更多兵力加强莫斯科方向的作战企图。

　　莫斯科会战开始后，同德军的判断相反，伊尔门湖以南的苏军兵力并未调往莫斯科方向。沃尔霍夫河沿岸和涅瓦河以西的苏军部队，甚至企图对施吕瑟尔堡、锡尼亚维诺和姆加地域实施声东击西，以突破德军对列宁格勒的陆上封锁。

　　德军统帅部决定开始向季赫温进攻，以便从东面深远迂回列宁格勒，在斯维里河与芬军会合，完成对列宁格勒的封锁。

　　德军统帅部指派"北方"集团军群第十六集团军所属摩托化第三十九军、第一军实施进攻。该集团应向格鲁济诺、布多戈希、季赫温、洛杰伊诺耶波列方向实施主要突击，而向小维舍拉、博洛戈耶实施辅助突击。

　　1941年10月中旬，拉多加湖至伊尔门湖的正面，沿利普卡、沃罗诺沃、基里希，以至沃尔霍夫河东岸一线，防守这一长约200千米地区的，是列宁格勒方面军第五十四集团军，隶属于最高统帅部大本营的第四集团军和第五十二集团军，西北方面军诺夫哥罗德集团军级集群。

　　这支部队全部兵力的70%都集中于第五十四集团军地带，该集团军准备发

动进攻战役，以突破对列宁格勒的封锁。

德军在130千米宽的正面上对第四、第五十二集团军实施主要突击，在这两个集团军的防御地带内总共有5个步兵师和一个骑兵师防御。

在这里，法西斯德军是苏军的1.5倍，坦克和炮兵是苏军的2倍以上。由于兵力不足，苏军未能构成必要的防御纵深，没有战役预备队。

指挥员和政治机关向全体军人讲明对列宁格勒造成的危险，采取了一切可能的措施来完善防御，巩固军人的政治精神状况，提高他们在防御中的积极性和坚定性。

10月16日，法西斯德军转入进攻，在20日前，突破了第四、第五十二集团军接合部的防御，并以主力向布多戈希、季赫温发展进攻，而以一部兵力分别向北面基里希和向东南面小维舍拉发展进攻。

10月22日，法西斯德军夺取了大维舍拉，23日夺取了布多戈希。这造成了德军向季赫温突进的威胁。

二战时正在进攻的士兵（模拟场景）

血染
尘埃

　　为从西北面保障其季赫温集团的翼侧，扩大突破口和把苏军从季赫温方向引开，德军于23日再度向北面沃尔霍夫方向发起进攻。为阻止德军，苏军统帅部从列宁格勒方面军向季赫温方向调去4个师，并停止了业已开始的锡尼亚维诺战役。拉多加湖区舰队把参加防卫季赫温和沃尔霍夫水力发电站的两个步兵师和一个独立海军陆战旅，从湖西岸渡送到东岸。由大本营预备队开来3个师，由西北方面军预备队开来一个师，由独立第七集团军开来近两个旅。

　　同时，大本营要求继续在锡尼亚维诺方向积极行动，以牵制该处的德军兵力。由于采取了措施，第四、第五十二集团军于27日分别在季赫温西南40千米和小维舍拉以东阻止了德军的进攻。

　　11月1日，第四集团军向布多戈希、格鲁济诺总方向实施反突击，任务是恢复沃尔霍夫河地区的防御。该集团军未能完成这一任务。德军击退反突击和加强其突击集团后，于5日再度向季赫温方向发起进攻，8日夺取了季赫温。

　　德军切断了向拉多加湖运送物资，从而也就切断了对列宁格勒进行补给的唯一铁路干线。然而，这是德军最后一次得逞。第五十二集团军和第四集

🔻 苏军发动反击（模拟场景）

团军，分别在小维舍拉附近和季赫温附近实施反突击，于19日前彻底阻住了法西斯德军向季赫温方向的推进。

早在10至12日，苏军对德军季赫温集团南翼的反突击就已发展为反攻。但是在沃尔霍夫方向，德军向沃尔霍夫市和沃伊博卡洛车站的进攻一直持续到12月初，苏军的反攻几乎在全线展开的时候。

11月26日，第五十四集团军实施反突击，将德军阻止于沃尔霍夫。但在一天以前，法西斯德军已向沃伊博卡洛车站方向发起进攻，目的是取捷径前出拉多加湖。至12月3日前，此处战线也稳定下来。

季赫温防御战役的结果，苏军打破了法西斯德军统帅部在斯维里河与芬军会合，完全封锁列宁格勒，并使用"北方"集团军群的兵力从北面进攻以迂回莫斯科的企图。

德军经由沃伊博卡洛向拉多加湖突进的企图亦未得逞。

尽管莫斯科附近的局势紧张，兵力兵器不足，最高统帅部大本营仍在季赫温方向和沃尔霍夫方向组织了防御。苏军防御的特点，是在实施多次反突击和反冲击时，在受威胁的方向广泛机动兵力兵器时，表现出了高度的积极性。

苏军粉碎
德军的侵略计划

　　季赫温进攻战役，是指苏联卫国战争中列宁格勒方面军第五十四集团军和独立第四、第五十二集团军在西北方面军配合下，于1941年11月10日至12月30日进行的反攻，是列宁格勒会战的一部分。

　　战役目的是粉碎法西斯德军季赫温集团，恢复季赫温－沃尔霍夫铁路交通，改善列宁格勒方面军、波罗的海舰队和列宁格勒的态势，并牵制德军兵力于西北方向，阻其调往莫斯科方向。

　　1941年11月10日前，法西斯德军"北方"集团军群第十六集团军在季赫温方向深深楔入苏军防御，切断了苏军向拉多加湖运送物资，从而也就切断了对列宁格勒进行补给的唯一铁路干线。

　　在这种情况下，最高统帅部大本营命令苏军毫不迟延地在季赫温方向转入反攻，粉碎德军主要集团，恢复沿沃尔霍夫河右岸的战线，并在该河左岸夺取登陆场。

　　季赫温进攻战役的准备是在防御战役过程中进行的。尽管兵力兵器有限，但由于在10月下半月和11月上半月抽调了大本营预备队和从正面其他地段调来9个步兵师，一个坦克师、一个坦克旅、一个步兵团和一些分队，参加战役的军队得到了加强。

部队进攻（模拟场景）

在这种复杂的情况下，苏军进行了大量政治工作，以动员全体人员粉碎德军。苏军讲明了此次任务由于列宁格勒的严重局势和德军"中央"集团军群对莫斯科的威胁而具有特殊重要性。

由于采取了措施加强在沃尔霍夫河以东行动的第四、第五十四、第五十二集团军，此处双方力量对比发生了有利于苏军的变化。苏军的人员和炮兵数量多于德军，但坦克居劣势，飞机的劣势更大。

苏军对德军季赫温集团采取了包围态势。战役企图是向基里希、格鲁济诺实施数个向心突击。第四集团军从季赫温地域实施主要突击，任务是在基里希地域与第五十四集团军和在格鲁济诺地域与第五十二集团军会合。以主力向谢利谢进攻的西北方面军所属诺夫哥罗德集团军级集群，与第五十二集团军协同动作。

1941年11月10日，诺夫哥罗德集团军级集群不待全部军队做好准备，即在诺夫哥罗德以北转入进攻，12日第五十二集团军在小维舍拉以北及其以南，19日第四集团军在季赫温东北，12月3日第五十四集团军在沃尔霍夫市以西分别转入进攻。

各集团军根据其准备程度发起进攻。诺夫哥罗德集团军级集群的进攻未取得进展。由于进攻组织上的缺点，第五十二集团军于11月18日才突破德军防御，20日攻占了小维舍拉。

起初，苏军在其他方向的进攻也极为缓慢。直至12月7日，当第四集团军左翼各兵团在季赫温以西突破德军防御，并前出至西托姆利亚，造成截断德军季赫温集团唯一交通线的威胁时，情况才出现了转变。

法西斯德军统帅部被迫开始把在季赫温地域被击溃的各兵团残部撤到沃尔霍夫河对岸。9日，季赫温解放。第四集团军对德军转入追击。15日，两个新锐师进入战斗后，第五十四集团军的进攻开始较顺利地发展。17日，该集团军进抵奥洛姆纳地域，包围了德军沃尔霍夫集团左翼。此前，第四集团军部队包围了其右翼。该集团在被合围的威胁下开始仓促退却。

16日，第五十二集团军粉碎大维舍拉的德军守备部队后，开始向霍尔沃

夫河推进。28日前，第五十四集团军将法西斯德军赶过姆加-基里希铁路。

12月17日，苏军第四、第五十二集团军合编成沃尔霍夫方面军。12月底前，他们进抵沃尔霍夫河，夺取了该河左岸数个登陆场，并将法西斯德军逐至向季赫温发起进攻的地区。

季赫温附近反攻的结果，苏军重创德军10个师，迫使法西斯德军统帅部向季赫温方向增调5个师。苏军推进100至120千米，从法西斯德国侵略者手中解放了一大部分国土，并保障了直达沃伊博卡洛车站的铁路交通。德军统帅部完全切断列宁格勒与各地的联系和用饥饿困死该城的计划被打破了。

季赫温反攻，为苏军在11至12月展开全线反攻奠定了基础，配合了苏军在莫斯科附近粉碎法西斯德军。季赫温进攻战役是苏军在卫国战争中发动的最初几个大规模进攻战役之一。苏军统帅部正确地确定转入反攻的时间和战役的主要目的——粉碎向季赫温方向进攻的德军最强大的集团，对取得战役胜利具有重要意义。

血染尘埃

第二次世界大战著名陆战

斯摩棱斯克战役

　　为了收复被纳粹德国占领的斯摩棱斯克至布良斯克地区，苏联红军在1943年夏季至秋季于苏联西部地区实施了一次战略性攻击行动。虽然德军的防线颇为坚固，但红军仍逐步进行数次突破，解放了包括斯摩棱斯克和罗斯拉夫尔等几个主要城市。这个行动的结果令苏军能够抽出精力解放白俄罗斯。

苏军攻克
罗斯拉夫尔

　　罗斯拉夫尔战役指苏联卫国战争中西方面军于1943年9月15日至10月2日进行的进攻战役；是斯摩棱斯克战役的一部分。该战役目的，是粉碎斯摩棱斯克方向和罗斯拉夫尔方向的法西斯德军集团，解放斯摩棱斯克、罗斯拉夫尔，并向奥尔沙和莫吉廖夫发展进攻。

　　斯帕斯杰缅斯克战役和叶利尼亚—多罗戈布日战役的结果，苏联西方面军重创德军"中央"集团军群第四、第九集团军，并于1943年9月初前出至乌斯特罗姆河、杰斯纳河一线。苏军统帅部决定经短时间准备后重新发起进攻。

　　战役企图，是在同时在杜霍夫希纳方向进行进攻战役的加里宁方面军的配合下，实施一系列正面突击，以分割当面德军，并将其各个击溃。

　　西方面军在中央以近卫第十集团军，第二十一、第三十三集团军向波奇诺克、奥尔沙总方向实施主要突击，应以右翼各集团军向斯摩棱斯克进攻，以左翼各集团军向罗斯拉夫尔进攻。

　　尽管在主要突击方向的兵力未占明显的优势，苏军仍组建了强大的军队集团。突破地段的密度达到每千米正面有火炮和迫击炮150门，坦克和自行火炮48个单位。

　　广泛开展政治工作的目的，首先是保持从1943年8月初以来在复杂条件下几乎连续进攻的方面军所属军队的高昂进攻锐气。

　　经炮火准备和航空火力准备之后，西方面军于战役第一日就几乎在所有方向突破了德军主要防御地带。

在方面军右翼，第三十一集团军各兵团于9月16日攻占亚尔采沃市，在左翼，第十集团军从行进间强渡了杰斯纳河。空军第一集团军有效地支援了进攻部队。

游击队给进攻军队以巨大支援，他们从后方对德军实施突击，并破坏德军交通线。法西斯德军统帅部被迫将"中央"集团军群基本兵力撤向斯摩棱斯克。

西方面军的集团进展最大，于23日切断了斯摩棱斯克—罗斯拉夫尔铁路，次日进抵索日河，并从南面包围了在斯摩棱斯克地域防守的法西斯德军。

与此同时，方面军右翼军队粉碎了德军在斯摩棱斯克东接近地的抵抗。

第三十一、第五集团军各兵团从行进间强渡第聂伯河后，于24日夜间从数个方向突入斯摩棱斯克，并于次日凌晨解放该市。

德军失去了西方向上最重要的交通枢纽和防御枢纽。同日，第十集团军

第二次世界大战时的战士（模拟场景）

攻占罗斯拉夫尔。

西方面军在向奥尔沙方向和莫吉廖夫方向发展进攻时，强渡了索日河，于1943年10月2日前进抵克拉斯诺耶以东、戈尔基、普罗尼亚河一线，并进入白俄罗斯东部地区。

法西斯德军统帅部力图不让苏军突入白俄罗斯腹地，在这一线建立了坚固防御。2日，根据最高统帅部大本营的命令，苏军进攻停止。

罗斯拉夫尔战役的结果，是苏军西方面军推进135至145千米，解放了斯摩棱斯克州，并为解放白俄罗斯奠定了基础。西方面军以积极的行动给了从8月底起展开第聂伯河会战的乌克兰的苏军以巨大支援，并给了布良斯克方面军以巨大支援。

罗斯拉夫尔战役，苏军基本上是以方面军的现有兵力准备和实施的，而无最高统帅部大本营庞大预备队参加。

在夺取罗斯拉夫尔战斗中战功卓著的兵团和部队被分别授予"斯摩棱斯克""罗斯拉夫尔"荣誉称号。

斯摩棱斯克
获得解放

　　斯摩棱斯克战役，指苏联卫国战争中西方面军和加里宁方面军左翼军队，于1943年8月7日至10月2日进行的进攻战役。战役目的，是粉碎法西斯德军"中央"集团军群左翼，不让其兵力调到苏军实施主要突击的西南方向，并解放斯摩棱斯克。

　　苏军在奥廖尔地域顺利进攻的结果，至1943年8月前，形成了向斯摩棱斯克方向和罗斯拉夫尔方向实施突击的有利局面。加里宁方面军左翼军队和西方面军对在斯摩棱斯克、罗斯拉夫尔地域防守的德军"中央"集团军群采取了包围态势，并从北面对在基洛夫、罗斯拉夫尔一线以南行动的德军整个战略集团造成威胁。

　　根据战役企图，规定以两个方面军实施一系列同时突击，以便在宽大正面上牵制德军兵力，予以分割，并粉碎杜霍夫希纳、多罗戈布日、叶利尼亚、斯帕斯杰缅斯克等地域法西斯德军集团。

　　西方面军以其中央军队实施主要突击，西方面军在粉碎当面德军后，应向罗斯拉夫尔进攻，向西南方向对在布良斯克方面军当面行动的德军集团一翼实施突击。

　　西方面军右翼军队与加里宁方面军左翼各集团军协同，在完成当前任务后，应向斯摩棱斯克总方向发展进攻。如布良斯克方面军进攻顺利，则将西方面军主力转向斯摩棱斯克。

　　法西斯德军统帅部认为，扼守斯摩棱斯克以东的阵地有很大意义，因此在这一方向配置了40多个师，并建立了坚固防御。此处防御是"东方壁垒"

的中央部分，包括5至6道防御地带，纵深为100至130千米。

在苏军加里宁方面军和西方面军当面防守的德军集团有人员85万余人、火炮和迫击炮近8800门、坦克和强击火炮约500辆、作战飞机近700架。

进攻开始前，苏军加里宁方面军和西方面军的编成内共有人员125万余人、火炮和迫击炮2.06万门、坦克和自行火炮1430辆、飞机1100架。

战役准备期间，进行了大规模变更部署。全体人员受到了在森林沼泽地行动的训练，掌握了突破德军预有准备的防御的经验。

第一阶段，1943年8月7至20日，苏军西方面军进行了斯帕斯杰缅斯克战役，在战役过程中粉碎了斯帕斯杰缅斯克地域的德军集团，向纵深推进30至40千米，尔后被阻止在中间防御地区。

苏军加里宁方面军从13日起向杜霍夫希纳方向展开进攻，仅略微楔入德军防御。在此情况下，最高统帅部大本营暂时停止了进攻，以变更兵力部署和准备新的突击。鉴于布良斯克方面军推进顺利，决定将西方面军基本兵力集中于斯摩棱斯克方向。

第二阶段，1943年8月21日至9月6日，苏军西方面军准备和实施了叶利亚—多罗戈布日战役，在战役过程中，

➡ 第二次世界大战时的战士（模拟场景）

于8月30日攻占了叶利尼亚，以右翼强渡第聂伯河后，于9月1日解放了多罗戈布日。6日晚前，西方面军推进35至40千米。

第三阶段，1943年9月7日至10月2日，苏军加里宁方面军和西方面军变更部署后，于9月14至15日再度发起进攻，分别进行了杜霍夫希纳—杰米多夫战役和斯摩棱斯克—罗斯拉夫尔战役。

9月25日，苏军解放了斯摩棱斯克、罗斯拉夫尔。在进攻过程中，苏军于10月2日前，进抵韦利日以西、鲁德尼亚、德里宾及沿普罗尼亚河一线，在此转入防御。

斯摩棱斯克战役的结果，苏军在宽约400千米的地带内向西推进200至250千米，肃清了加里宁州一部分地区和斯摩棱斯克州全境的法西斯德军，为解放白俄罗斯奠定了基础。德军被向西击退到更远之处。

在进攻过程中，德军有7个师被消灭，14个师遭重创。为了抗击苏军在斯摩棱斯克方向的进攻，德军被迫从奥廖尔—布良斯克方向调来13个师，从其他方向调来3个师，从而使苏军胜利结束了库尔斯克反攻。

血染尘埃

波罗的海战役

　　1944年9月初，退至纳尔瓦湾至东普鲁士之间的德军企图在波罗的海沿岸固守，以阻止苏军进入东普鲁士。苏军为分割并粉碎该地区德军集团，解放波罗的海沿岸各加盟共和国，决定实施此次战役。此役，除库尔兰半岛外，苏联波罗的海沿岸地区全部获得解放；驻守该地的德军59个兵团中有29个被全歼，其余则被隔离或严密封锁在库尔兰半岛与梅梅尔地域。

苏联大本营
实施进攻战役

波罗的海沿岸战役指苏联卫国战争中苏军为粉碎波罗的海沿岸法西斯德军和解放波罗的海沿岸各加盟共和国，于1944年9月14日至11月24日进行的战略性进攻战役。

参加这一战役的有列宁格勒方面军、波罗的海沿岸第三方面军、波罗的海沿岸第二方面军、波罗的海沿岸第一方面军、白俄罗斯第三方面军一部以及红旗波罗的海舰队。

最高统帅部大本营代表、苏联元帅华西列夫斯基对波罗的海沿岸各方面军的行动进行协调；从1944年9月24日起，苏联元帅戈沃罗夫负责协调波罗的海沿岸第三、第二方面军，同时他仍担任列宁格勒方面军司令员。

战役开始前波罗的海沿岸的总情况，是由苏军1944年夏季的顺利进攻决定的，由于这些进攻行动，德军在苏德战场各主要战略集团已被粉碎。

负责防守波罗的海沿岸的法西斯德军损失惨重，退至纳尔瓦湾至东普鲁士边界之间的地区，其主力则被从南面纵深包围。

法西斯德军统帅部认为扼守这一战略要地具有重大意义，因为失掉它，就会使德国的军事政治状况和经济状况更加困难，同时为苏军从东北面进攻东普鲁士造成有利态势。

德军力图在波罗的海沿岸方向稳定战线，便在此赶筑补充防御工事，加强其军队集团，建立了完善的纵深梯次配置的多地带防御。

德军最强大的集团部署在里加地域，由5个坦克师编成。

在波罗的海沿岸防守的是德国"北方"集团军群、"中央"集团军群所

属坦克第三集团军。第一航空队航空兵和第六航空队一部对陆军进行支援。这一集团军共有70余万人、1200辆坦克和强击火炮、约7000门火炮和迫击炮、近400架作战飞机。

苏军4个方面军共有90万人、约17500门火炮和迫击炮、3000辆坦克和自行火炮、2640架作战飞机。苏军无论从哪方面都处于优势地位。

苏军战役企图规定，切断德国在波罗的海沿岸防守的集团，将其分割并各个歼灭。因此，主要力量集中对付在里加地域行动的第十六、第十八集团军基本兵力。

为了粉碎这些德军，预定以波罗的海沿岸3个方面军对里加实施向心突击。列宁格勒方面军应在红旗波罗的海舰队配合下，粉碎盘踞爱沙尼亚的德军集团。在战役准备时节，苏军进行了方面军之间的大规模军队变更部署，并将许多兵团和军团从最高统帅部大本营预备队调到了波罗的海沿岸方向。

由于在各方面军主要突击方向坚决集中兵力兵器，苏军在总兵力对比上

第二次世界大战时的战士（模拟场景）

占了两倍于德军的优势。苏军指挥员、政治机关和党团组织竭尽全力动员全体人员顺利完成战斗任务，在军队中培养高昂的进攻锐气。他们讲明波罗的海沿岸战役的军事政治意义，研究突破德军坚固防御的以往各次战役的经验和在森林、沼泽地条件下进攻的经验。

爱沙尼亚、拉脱维亚和立陶宛的兵团参加战役，具有重要的政治意义。在进攻之前，连、营党组织得到了巩固，共产党员被分配到最重要、最危险的地段。

苏军各方面军和集团军军事委员会的号召书，对提高军队的进攻精神起了重要作用，它号召全体人员尽快粉碎德军和解放波罗的海沿岸各加盟共和国。

战役第一阶段，波罗的海沿岸的苏军第三、第二、第一方面军进行了里加战役，并在战役过程中进抵距里加25至60千米处构筑的德军"锡古尔达"坚固防御地区。

由于法西斯德军在该防御地区进行激烈抵抗，最高统帅部大本营为尽快切断德军波罗的海沿岸集团与东普鲁士的联系，于1944年9月24日决定将波罗的海沿岸第一方面军的力量从里加方向转移到梅梅尔方向，该方面军应会同白俄罗斯第三方面军一部兵力，在此方向实施进攻战役。

列宁格勒方面军与红旗波罗的海舰队协同，于17至26日进行了塔林战役，此役重创德军"纳尔瓦"战役集群，解放了塔林和爱沙尼亚整个陆地部分。该方面军于27日前进抵滨海地带，而以左翼进抵德军在拉脱维亚境内的"锡古尔达"防御地区。

爱沙尼亚滨海地带的解放，大大改善了红旗波罗的海舰队在波罗的海的活动条件，为完全解放爱沙尼亚创造了前提。

战役第二阶段，波罗的海沿岸第一方面军、白俄罗斯第三方面军第三十九集团军向梅梅尔方向展开进攻，波罗的海沿岸第三、第二方面军则继续进行里加战役；列宁格勒方面军和红旗波罗的海舰队进行了蒙群岛登陆战役。

在列宁格勒方面军左翼当面行动的法西斯德军于9月24日前将主力向里加撤退，而以一部兵力在蒙群岛固守。德军在里加方向建立了强大的集团，依

靠从爱沙尼亚退却的兵力对它进行了补充。该集团编成内有33个师，在梅梅尔方向行动的有德军7至8个师。

根据当时形成的情况，苏军在梅梅尔方向实施了猛烈的正面突击，该处德军集团及其防御都比里加地域薄弱。苏军面临的任务是切断法西斯德军"北方"集团军群与东普鲁士的联系。

为了实施梅梅尔战役，波罗的海沿岸第一方面军悄然将其全部军队调到了希奥利艾地域，并于1944年10月5日向梅梅尔方向实施了突击。

突击第四集团军对利巴瓦方面实施积极行动，第三十九集团军和白俄罗斯第三方面军由罗谢内地域向陶拉格方向实施突击，分别从北面和南面保障梅梅尔方向的进攻。

由于列宁格勒方面军和红旗波罗的海舰队早在9月27日就开始了蒙群岛登陆战役，也由于波罗的海沿岸第三、第二方面军在里加地域积极行动，德军未能从"锡古尔达"防御地区调庞大兵力来抗击苏军在梅梅尔方向的进攻。

梅梅尔战役的结果，苏军前出至波罗的海沿岸，楔入东普鲁士领土，并切断了德军整个"北方"集团军群与东普鲁士的联系。

正当波罗的海沿岸第一方面军在梅梅尔方向展开进攻时，波罗的海沿岸第三、第二方面军从1944年10月6日起，对怕丢掉退向东普鲁士之路而开始从里加地段向库尔兰半岛仓促退却的德军转入追击。

13日，苏军解放里加。16日，波罗的海沿岸第三方面军撤销，其所属军队分别编入波罗的海沿岸第一方面军、波罗的海沿岸第二方面军和列宁格勒方面军，还有部分编入大本营预备队。

到22日前，波罗的海沿岸第二方面军以其右翼进抵德军图库姆斯防御地区，结束了里加战役。德军"北方"集团军群被从陆上封锁于库尔兰半岛。波罗的海沿岸第二、第一方面军负责消灭被封锁集团。

列宁格勒方面军利用波罗的海沿岸各方面军在里加方向和梅梅尔方向的进攻，会同红旗波罗的海舰队，从9月27日至11月24日通过蒙群岛登陆战役解放了蒙群岛。

战场上的战士（模拟场景）

由于这一战果，也由于苏军前出至利巴瓦以南的波罗的海沿岸，红旗波罗的海舰队舰艇在沟通库尔兰集团和德国联系的交通线上行动的条件改善了。

苏军在波罗的海沿岸各战役的胜利结束，促进了白俄罗斯第三方面军在东普鲁士境内的进攻。该方面军长时间牵制了德军庞大兵力，使这些兵力无法被用来对波罗的海沿岸第三方面军作战。

波罗的海沿岸战役最重要的政治成果，是从法西斯德国侵略者手中解放了苏联波罗的海沿岸地区。法西斯德国丧失了重要的粮食、原料基地，就丧失了可以实施翼侧突击以威胁在东普鲁士进攻的苏军的有利基地。

苏军在波罗的海沿岸的胜利，使芬兰加速退出战争。战役结果，使德军在波罗的海沿岸的集团失去了战略意义。苏军进攻前德军在该处的59个兵团中，29个被击溃，其余兵团则被隔离在库尔兰和被封锁于梅梅尔地域。波罗的海沿岸地段的战线长度缩小到250千米，使苏军有可能腾出相当大的兵力，用于实施1945年冬季的进攻。

波罗的海沿岸战役的特点是规模大。苏军参加进攻的有：5个方面军、红旗波罗的海舰队和远程航空兵兵团。德军参加作战的兵力，占其苏德战场总兵力的25%。进攻第一阶段各次方面军战役的纵深为250至300千米，第二阶段为130千米。总进攻地带达1000千米。

波罗的海沿岸战役最显著的特点，是在进攻过程中将主要力量由里加方向转移到梅梅尔方向，这要求进行距离为120至140千米的大规模军队变更部署，并在短时限内准备新的进攻战役。变更部署的隐蔽性保障了突击的突然性，并在相当大程度上保障了整个战役的胜利。

空军集团军的基本力量被用于支援各方面军主要方向的陆军。在战役第一阶段，仅在波罗的海沿岸3个方面军编成内行动的空军第十四、第十五、第三集团军，就出动3.4万架次，在整个战役过程中共出动5.5万架次。

在波罗的海的沿岸战役准备和实施过程中，红旗波罗的海舰队进行了军队和技术装备的输送；从海上掩护进攻军队的翼侧；以航空兵和舰艇炮兵对在滨海方向进攻的军队实施火力支援。

苏军攻占

波洛茨克防御枢纽

波洛茨克战役指苏联卫国战争中波罗的海沿岸第一方面军于1944年6月29日至7月4日进行的进攻战役，是具有战略意义的白俄罗斯战役的组成部分。战役目的是粉碎德军波洛茨克集团，解放波洛茨克市。

波罗的海沿岸第一方面军会同白俄罗斯第三方面军于1944年6月28日完成维捷布斯克—奥尔沙战役之后，根据最高统帅部大本营赋予的任务，未经战役间歇就开始实施波洛茨克战役。

该方面苏军辖突击第四集团军、近卫第

六集团军、第四十时集团军和空军第三集团军。其当面为德军"北方"集团
军群第十六集团军各兵团和"中央"集团军群坦克第三集团军一部兵力。

　　法西斯德军统帅部力图扼守波洛茨克，将它变成了坚固防御枢纽，并在
该市接近地集中了一个辖6个步兵师的强大军队集团。战役企图：以从东北和
南面沿向心方向实施的突击，围歼德军波洛茨克集团。

　　在战役中起主要作用的是突击苏第四集团军，该集团军以其左翼向科特
利亚内、波兹德尼亚基、多赫纳里总方向实施主要突击，以便从西北迂回波
洛茨克。

　　近卫第六集团军右翼各兵团从西南迂回波洛茨克，其基本兵力则会同第
四十三集团军向格卢博科耶、希文恰内方向实施进攻。空军第三集团军对进

第二次世界大战时的战士（模拟场景） ▼

攻军队实施航空火力支援和航空兵掩护。

在战役准备时节，军队隐蔽变更了部署并在选定的突击地段建立了兵力优势，旨在保持军队高昂进攻锐气的政治工作起了巨大作用。苏军指挥员和政治工作人员向全体人员广泛讲解了波洛茨克战役对粉碎白俄罗斯的法西斯德军的重要性。

1944年6月29日，突击第四集团军和近卫第六集团军各兵团转入对波洛茨克的进攻，在粉碎德军的抵抗之后，开始包围其波洛茨克集团翼侧。

7月1日，他们前出至波洛茨克东郊和南郊。近卫第六集团军基本兵力和第四十三集团军于当晚出至格尔马诺维奇、格沃兹多沃、多克希齐一线，各坦克兵团则突向季斯纳河。

经两天的激烈巷战，至4日晨，波洛茨克完全从德军手中解放出来。方面军左翼军队迅猛追击退却的法西斯德军兵团，于4日晚向西推进约110千米并前出至奥普萨、科贾内、纳罗奇湖一线。

波洛茨克战役具有重要战略意义。苏军攻占了德军波洛茨克防御枢纽，便获得了沿西德维纳河两岸向德文斯克总方向实施进攻的可能。波罗的海沿岸第一方面军在波洛茨克和希文恰内两方向的胜利前进，从北面可靠地保障了苏军主要战略集团在白俄罗斯的进攻。

德第十八集团军
全线溃退

普斯科夫—奥斯特罗夫战役指苏联卫国战争中波罗的海沿岸第三方面军于1944年7月17至31日进行的进攻战役。战役目的是粉碎法西斯德军普斯科夫—奥斯特罗夫集团，解放普斯科夫、奥斯特罗夫两市。

战役开始前，波罗的海沿岸第三方面军沿普斯科夫湖东岸、普斯科夫以东，奥斯特罗夫以东、捷列霍瓦，以及沿韦利卡亚河占领防御。

波罗的海沿岸第三方面军当面是德军"北方"集团军群所辖第十八集团军和第十六集团军一部，由第一航空队航空兵支援。在第六十七集团军和突击第一集团军当面的奥斯特罗夫方向，德军集团的密度最大。

法西斯德军统帅部认为扼守所占领的防御地区具有重要意义，该防御地区组成"东方壁垒"的北段。第一防御地带在韦利卡亚河以东构筑，第二防御地带沿韦利卡亚河、锡尼亚河西岸构筑。

防御是由堑壕和交通壕连接的支撑点和防御枢纽体系。德军的整个防御地区分为4个野战筑垒地域。此外，普斯科夫和奥斯特罗夫两市各有市区防御加以掩护。

普斯科夫—奥斯特罗夫战役的企图，是以突击第一集团军和第五十四集团军相邻翼侧从斯特列日涅沃登陆场向巴尔维、古尔贝内总方向实施猛烈突击，迂回德军最坚固的奥斯特罗夫筑垒地域，首先粉碎法西斯德军奥斯特罗夫集团，以后前出普斯科夫集团后方，并予以粉碎。

右翼和中央军队应以积极的防御牵制德军，不让其向方面军主力的突破地段调动兵力。

苏军押解德军俘虏（俄二战博物馆情景再现）

　　在战役准备时节，军队进行了大规模变更部署，以便在斯特列日涅沃登陆场集中兵力兵器。为使德军无法查明真实的突击方向，从1944年7月5至20日，苏军在奥斯特罗夫以东进行了9个师的假集中，从23至28日，又进行了局部进攻战役。德军的注意力被吸引到这个方向。

　　普斯科夫—奥斯特罗夫战役开始前，苏军第五十四集团军利用友邻波罗的海沿岸第二方面军于9日在新勒热夫东南发起进攻后取得的战果，以步兵第三二一师于11至16日消灭了韦利卡亚河东岸德军各掩护群，在佩切赫诺瓦—谢缅佳希地段进抵该河，并夺取了河西岸登陆场。

　　17日，在猛烈的炮火准备和航空火力准备之后，方面军突击集团转入进

攻。突击集团于两天内在奥斯特罗夫以南近70千米宽的正面上突破了德军防御，向纵深推进达40千米，从19日起，转入追击开始退却的法西斯德军。

德军奥斯特罗夫集团遭到苏军从西南面和西面的深远迂回。21日，向奥斯特罗夫进攻的苏军第六十七集团军各兵团会同突击第一集团军步兵第一四六师，以强击攻占了德军防御中的这一要点及其交通枢纽。

德军普斯科夫集团也受到被迂回的威胁。苏军第四十二集团军于22日开始了攻占普斯科夫的战斗行动，次日会同第六十七集团军步兵第二九一师解放了该市。

奥斯特罗夫和普斯科夫两市解放，以及波罗的海沿岸第三方面军右翼军队前出至韦利卡亚河西岸后，波罗的海沿岸第三方面军受领了新的任务，即以主力向阿卢克斯涅、瓦尔卡总方向发展进攻。

普斯科夫—奥斯特罗夫战役的结果，波罗的海沿岸第三方面军突破了德军坚固筑垒防御，解放了普斯科夫、奥斯特罗夫，挫败了德军第十八集团军，为解放爱沙尼亚和拉脱维亚创造了有利条件。

血染尘埃

第 二 次 世 界 大 战 著 名 陆 战

布达佩斯战役

　　布达佩斯战役是1944年10月29日至1945年2月13日苏军实施的进攻战役。1944年10月，苏联红军包围了当时布达佩斯，守军在经过顽固抵抗后，于1945年2月13日失败投降。但德军统帅部又从西线抽调党卫军坦克第六集团军至匈牙利巴拉顿湖地域进行反攻，乌克兰第三方面军在罗马尼亚和匈牙利三国军队密切协同下，彻底消灭了德军，解放了匈牙利全境。

苏联红军
攻克布达佩斯

　　德军在匈牙利首都布达佩斯接近地建立了一系列坚固筑垒、防御地区和市区围廊。在布达佩斯西南，沿巴拉顿湖、韦伦采湖一线，直到瓦茨附近的多瑙河弯曲部，再沿捷匈边境，构筑了一条防御地带，即所谓"马尔加里塔防线"。但是，德军在布达佩斯附近并无重兵配置，因为当时德军主力还在尼赖吉哈佐方向作战。

　　苏军统帅部大本营因此颁布如下命令：乌克兰第二方面军转入进攻，攻占匈牙利首都布达佩斯，迫使匈牙利退出战争。方面军在其左翼以第四十六集团军和近卫第二、第四机械化军的兵力，向凯奇凯梅特、布达佩斯总方向实施主要突击，突破守军在布达佩斯东南的防御，攻占布达佩斯市。地面突击的航空火力支援，由空军第五集团军负责。近卫第七集团军由索尔诺克东北地域实施辅助突击，以便强渡蒂萨河，并在索尔诺克地域夺取该河西岸登陆场。

　　乌克兰第二方面军余部则继续向米什科尔茨方向进攻，牵制当面守军兵力，使其无法调往布达佩斯地域。乌克兰第三方面军继续变更部署，集中主力于南斯拉夫巴纳特，同时派出先遣部队夺取匈牙利境内多瑙河右岸各登陆场。

　　彼得罗夫大将指挥的乌克兰第四方面军，向捷克斯洛伐克腹地进攻，以策应布达佩斯战役的顺利发展。

　　1944年10月29日，苏军乌克兰第二方面军转入进攻。乌克兰第二方面军左翼的进攻发展顺利，至11月2日，距布达佩斯仅15公里。但是，德军很

快地调整了部署，向布达佩斯地域调集重兵，阻住了苏军迅猛发展进攻的势头。一场持久战开始了。

11月4日，苏军统帅部大本营命令马利诺夫斯基元帅尽快将方面军中央和右翼军队撤至蒂萨河右岸，以便加宽进攻地带，从北面和东北面实施突击，与左翼军队协同，粉碎德军布达佩斯集团。

乌克兰第二方面军执行了这一命令，于11月11日再次发起进攻，在长达16天之久的作战中，却未能在城市以东分割和粉碎德军布达佩斯集团。鉴于部队连续进攻3个多月已疲惫不堪，秋季道路泥泞难行，交通线过长，影响弹药的及时送达，及德军顽强抵抗等诸多因素，马利诺夫斯基司令员要求暂停进攻，并获得苏军最高统帅部大本营的许可。

12月5日，乌克兰第二方面军重新开始进攻。其左翼和中央连续5天企图从北面和西南面实施迂回，以围歼守军集团，但未能奏效。第四十六集团军强渡多瑙河后，在西岸夺取了一个不大的登陆场，但由于兵力不足，未能从西南进逼布达佩斯。

这样，以一个方面军攻占布达佩斯的第三次尝试又未成功。不过，乌克兰第二方面军解放了蒂萨河与多瑙河之间地带，切断了守军布达佩斯集团向北退却之路。

乌克兰第三方面军第五十七集团军强渡多瑙河后，在西岸巴蒂纳和阿帕廷两地域夺取了登陆场。至12月9日前，集团军已前出到巴拉顿湖以南地域。从11月下半月起，编入该方面军的近卫第四集团军开始在多瑙河右岸投入战斗，并与乌克兰第二方面军第四十六集团军会师。从此，苏军有了向守军布达佩斯集团后方实施突击的可能。

12月12日，苏军最高统帅部大本营颁布关于乌克兰第二、第三方面军同时围歼布达佩斯集团的训令。在多瑙河西岸作战的第四十六集团军转隶乌克兰第三方面军。此时苏、德双方的兵力对比如下：

乌克兰第二方面军有39个步兵师、2个坦克军、2个机械化军、2个骑兵军、2个筑垒地域、14个罗马尼亚师。

乌克兰第三方面军有31个步兵师、2个海军陆战旅、1个坦克军、2个机械化军、1个骑兵军。

在该方面军编成内作战的还有保加利亚第一集团军。空军第五、第十七集团军航空兵和多瑙河区舰队舰艇负责对方面军地面进攻行动实施火力支援。南斯拉夫第三集团军在乌克兰第三方面军以南行动。

苏军两个方面军当面为南方集团军群和F集团军群一部，共51个德国师和匈牙利师另2个旅，其中包括9个坦克师、4个摩托化师、1个摩托化旅、1个骑兵旅以及第四航空队的大量航空兵。

苏军最高统帅部大本营给乌克兰第二方面军规定的任务是，由沙希地域向凯贝尔库斯特总方向实施突击，在奈斯梅伊、埃斯泰尔戈姆地段进抵多瑙河，阻止布达佩斯集团向西北退却。

与此同时，乌克兰第二方面军应以部分兵力从东面向布达佩斯进攻。乌克兰第二方面军受领的任务是，由韦伦采湖地域向北面，即向比奇凯方向实

❶ 进行防御的士兵（模拟场景）

施突击，在埃斯泰尔戈姆、奈斯梅伊地域进抵多瑙河，并与乌克兰第二方面军会合，切断布达佩斯集团西退之路。

方面军的部分兵力应由比奇凯地域向布达佩斯进攻，并与乌克兰第二方面军协同攻占该市。乌克兰第三方面军还应在布达佩斯以西及其西南构成对外正面。

12月20日，苏军对守军布达佩斯集团再次发起进攻，进展顺利。至12月26日日终前，乌克兰第二、第三方面军在埃斯泰尔戈姆地域会合，完成了对守军布达佩斯集团的合围。

尽管守军在坦克方面居优势，但苏军乌克兰第三方面军在激烈的战斗中不仅阻止了楔入其防御的德军反突击集团的进攻，而且将该集团逐回出发阵地。乌克兰第二方面军一部1945年1月上旬对科马尔诺的进攻，对破坏守军反突击起了很大作用。

从1944年12月27日至1945年1月18日，苏军进行了解放首都东部——佩斯的战斗，从1月22日至2月13日进行了解放首都西部——布达的战斗。城内战斗由专门组建的布达佩斯集群进行。

此役解放了布达佩斯。但德军布达佩斯集团遭苏军围歼后，尚有部分残余部队突围到匈牙利西南与其他德军会合，企图进行最后的较量。为此，苏军又开始了在匈牙利全境的围歼战斗。

匈牙利全境
获得彻底解放

　　苏军攻克布达佩斯后，德军统帅部为了扭转彻底毁灭的命运，于1945年2月中旬从西线阿登山脉抽调出装备有最新式坦克的党卫军坦克第六集团军进入匈牙利巴拉顿湖地域，为转入反攻创造条件。

　　苏军乌克兰第三方面军所面对的德军，集中了南方集团军群和E集团军群所属31个师、5个战斗集群、1个摩托化旅、4个强击火炮旅，计有官兵43.1万人；火炮5630门、坦克和强击火炮877辆（门）、装甲输送车900辆、飞机850架。德军在坦克和强击火炮方面占优势，总数为苏军的2.1倍。

　　德军统帅部布置如此强大的兵力，是妄图粉碎乌克兰第三方面军，恢复多瑙河防御，继续盘踞匈牙利的石油产地，消除苏军对奥地利工业区和德国南部工业区的威胁。

　　苏军最高统帅部大本营了解了德军的意图后，决心以乌克兰第三方面军实施顽强而积极的防御，疲惫和消耗德军突击集团，尔后向西南方向发展进攻。

　　方面军编成内计有37个步兵师、6个保加利亚步兵师、2个坦克军、1个机械化军、1个骑兵军，共有官兵约40.7万人、火炮7000门、坦克和自行火炮407辆、飞机965架。

　　方面军的战役布势为两个梯队。第一梯队由近卫第四诸兵种合成集团军、第二十六集团军、第五十七集团军编成，第二梯队为第二十七集团军，而近卫第一机械化军、近卫第五骑兵军步兵第八十四师和6个炮兵旅为方面军预备队。方面军的基本兵力集中在德军主力可能进攻的近卫第四集团军和第

二十六集团军的防御地带。

防御计划拟定了数种行动方案，并根据德军可能实施的突击情况，一一进行过实兵演练。在陆军防御作战中，由乌克兰第三方面军所属空军第十七集团军和乌克兰第二方面军所属空军第五集团军一部实施火力支援。

德军的进攻于1945年3月5日夜间开始，苏军进行了顽强、积极的防御。激烈战斗持续了10天10夜，双方参战兵力超过80万人，火炮12500余门、坦克和强击火炮约1300辆、飞机1800余架。

苏军广泛机动预备队和炮兵，各部队和兵团坚韧不拔，积极防御，致使德军一筹莫展。德军只取得了一些战术成果，即楔入苏军韦伦采湖以南的防御12千米，楔入沙尔维兹运河以西的防御约30千米，但却为此损失4万余人和坦克、强击火炮约500辆（门）、火炮300门。

遭受重创后，德军于3月15日被迫停止进攻，转入防御。通过巴拉顿湖战役，苏军完全粉碎了德军统帅部在苏德战场南翼阻止苏军进攻的企图。

3月16日下午，经过强大的炮火准备和航空火力准备后，苏军乌克兰第三方面军近卫第九、第四集团军转入进攻。

开始时，德军惊惶失措，未进行认真抵抗，但很快即恢复了被炮火和飞机袭击打乱了的指挥系统。许多地段上的德步兵和坦克一起开始反击。至3月16日日终时，苏军推进不过3～7千米。

苏军最高统帅部大本营根据当时态势，当天就把近卫坦克军第六集团军调给乌克兰第三方面军，命令利用该集团军发展方面军突击集群的攻势，并与第二十七集团军共同击溃党卫军第六集团军。方面军右翼部队粉碎了德军的顽抗，于进攻的第三天傍晚把突破口扩大到36千米，向纵深推进达20千米。这时，德军又把预备队和由未遭冲击的地段调来的部队派到突破地段，利用山区地形进行顽抗。

为了加快进攻的速度，3月19日晨，近卫坦克第六集团军奉命投入近卫第九集团军地带的交战。方面军司令员要求这两个集团军尽快完成对党卫军第六坦克集团军的包围。此外，还命令从3月20日晨开始，以近卫第四集团军一

部以及第二十六、第二十七集团军的兵力向别尔希达、波尔加迪迪、列普申实施突击。

第十八坦克军和近卫第一机械化军在第二十六、第二十七集团军进攻地带内作战。方面军在执行任务过程中，使德军受到重创。尽管如此，德军仍不惜代价地拼命抵抗，以使自己的部队免遭合围，撤出韦伦采湖和巴拉顿湖之间的地域。

有鉴于此，苏军最高统帅部大本营批准方面军使用空军第十八集团军的部分兵力。3月21日夜间，该集团军的远程轰炸机袭击了铁路枢纽维斯普雷姆。空军第十七集团军的轰炸机和强击机消灭了行进中的德军纵队，摧毁了德军的通信枢纽部、防御工事以及停放在机场上的飞机。

盟军航空兵与苏军协同于1945年3月下半月轰炸了奥地利南部、匈牙利西部和斯洛伐克南部境内的一些机场、铁路枢纽、桥梁和工业设施。

由于采取了上述种种措施，乌克兰第三方面军主力的进攻发展得比最初几天要快。至3月22日黄昏，党卫军第六坦克集团军主力几乎全部被围，但是未能全歼。德军以巨大代价撤走了相当数量的有生力量和技术兵器。

3月23日，苏军最高统帅部大本营批准了乌克兰第三方面军军事委员会提出的下一步行动计划，并作了若干修改。

方面军受命向帕波、肖普朗，而不是在方面军司令员原先提议的桑博特黑伊实施主要突击。为此，近卫第九集团军和近卫第六坦克集团军进攻克塞格，近卫第四集团军被重新部署到近卫第九集团军的右翼地带，以便此后与近卫第九集团军和近卫第六坦克集团军一起进攻维也纳。

第二十六集团军向桑博特黑伊实施突击，而第二十七集团军则向佐洛埃格塞格实施突击。第五十七集团军和保加利亚第一集团军在4月5～7日前占领端古考尼绕地域。方面军的队伍接到任务后，立即朝指定方向实施进攻，进展顺利。

3月29日，苏军乌克兰第三方面军第五十七集团军和保加利亚第一集团军在巴拉顿湖以南转入进攻。4月2日解放匈牙利的石油中心端古考尼绕市，并

向西北方向发展进攻。

苏军乌克兰第二方面军左翼于3月17日转入进攻，突破德军多瑙河以南防御后向杰尔方向发展进攻，以部分兵力进至科马罗姆地域，切断了德军埃斯泰尔格姆一托瓦罗什集团西逃之路，并于27日将其肃清。

至28日，第四十六集团军肃清了多瑙河南岸埃斯泰尔戈姆至拉包河口地段之德军，攻占了科马尔诺、杰尔，并与4月2日在多瑙河与新锡德尔湖之间进抵奥匈边界。乌克兰第三方面军的部队于4月1日至4日攻占肖普朗和新维也纳，前出到维也纳的接近地。

德军被彻底赶出匈牙利的日子愈来愈近，他们对匈牙利的掠夺也更加猖狂。城市变成了废墟，农村被洗劫一空，人民财产损失严重。与德国占领者勾结的萨拉希集团、地主及资本家们，带着黄金储备和匈牙利的其他国宝逃往西方。

4月4日，德军的最后一支部队被赶出了匈牙利。匈牙利人民热情欢呼全国解放。全国到处都举行集会和游行，庆祝这个意义重大的事件。匈牙利政府专门作出决议，规定4月4日为解放节。

从此以后，匈牙利人民每年都隆重庆祝这个伟大节日。布达佩斯战役的胜利是苏联、罗马尼亚和匈牙利三国军队密切协同、共同奋战的结果。在解放布达佩斯的战斗中，罗马尼亚的一些兵团和匈牙利布达志愿团，都曾与苏军并肩作战。

在布达佩斯战役中，苏、罗、保三国军队取得了在大工业城市实施战斗的丰富经验。尤其在使用强击群和在对方坦克占压倒优势条件下建立合围的对外正面及强渡多瑙河、蒂萨河等方面，他们取得的经验更为丰富。这些宝贵的经验，迄今仍具有重要的借鉴意义。

图书在版编目（CIP）数据

血染尘埃：第二次世界大战著名陆战 / 胡元斌主编
. ——北京：台海出版社，2013.8（2021.5重印）
（第二次世界大战纵横录）
ISBN 978-7-5168-0247-2

Ⅰ.①血… Ⅱ.①胡… Ⅲ.①第二次世界大战战役—
陆地战争—史料 Ⅳ.①E195.2

中国版本图书馆CIP数据核字(2013)第188571号

血染尘埃：第二次世界大战著名陆战	第二次世界大战纵横录

主　编：胡元斌　严　锴	
责任编辑：孙铁楠	装帧设计：大华文苑
版式设计：大华文苑	责任印制：严欣欣　吴海兵

出版发行：台海出版社
地　　址：北京市东城区景山东街20号　　　邮政编码：100009
电　　话：010－64041652（发行，邮购）
传　　真：010－84045799（总编室）
网　　址：www.taimeng.org.cn/thcbs/default.htm
E-mail：thcbs@126.com

经　　销：全国各地新华书店
印　　刷：北京九天鸿程印刷有限责任公司
本书如有破损、缺页、装订错误，请与本社联系调换

开　　本：710×1000　　　　1/16	
字　　数：210千字	印　张：13
版　　次：2014年1月第1版	印　次：2021年5月第4次印刷
书　　号：ISBN 978-7-5168-0247-2	

定　　价：48.00元